ダメ社員が草野球を始めたら、なぜか仕事で評価された

三国大吾［監修］
高橋 晶［著］

現代書林

明治四年、横浜の港から、
ベースボールが上陸してきた。
大正八年、軟式ボールが誕生した。
あれから一〇〇年。一〇〇年の間ずっと、
草野球はこの国で、愛され続けてきた。
草野球の神様を信じる、すべての人々に、
この物語を贈る——。

目次

1 覚醒 やる気ゼロ！ 存在感ゼロ！ ダメ社員が出合ったのは、なんと草野球だった

2 成長

エースは一日にして成らず！　一人の男の成長が、人も職場も変えていく

3 挑戦

草野球マインドを活かせ！ リストラ候補組が挑む革新のプロジェクト

4 激闘

能力至上とチームワーク！　息詰まる攻防戦！
勝利は誰に!?　そして旅立ち

1 覚醒

やる気ゼロ！　存在感ゼロ！
ダメ社員が出合ったのは、なんと草野球だった

草野球、やってみない？

「何やってんだぁ、センター、ちゃんと走れッ」

平日の夕暮れ時、公立中学のグラウンド、変わりばえのしない野球部の練習風景。それを見ているスーツ姿の若い男。いまの怒鳴り声は、この男から発せられたものらしい。ちょっとびっくりして振り向いたのが、少し離れて同じように中坊たちのプレーを見守っていた中年男である。思わずどんなやつか確かめたくなって、中年男は、1メートルほど近付いてみた。だが、フェンスの金網に指を差し込んで、一心不乱に球児たちを見つめる彼は気付かない。

「野球、好きなの？」

急に声をかけられ、ギョッとしてこっちを向く。二五、六歳というところか。若いのににやけにくたびれた顔をしている。

「いや、別に。けど、ひどくないですか、あれ。勘弁してほしいですよねー」

と言いながら、目はまたネット越しのグラウンドに釘付けだ。

確かに、部員たちの動きには覇気がない。タラタラとやる気のなさそうなボールさばきに、彼は我慢ならないらしい。そういう自分もこんなところで油を売っているくせに。

中年男は構わず話しかける。

「野球、やってるの？」

「いや、やってませんよ、いまは」

見れば分かるだろうという顔だ。そうだな、どう見ても普通のサラリーマンだ。しかも、中坊に負けず劣らず覇気のない。

「昔はやってたの？」

「はあ、まあ昔は」

「じゃ、やってみない？　草野球」

「は？　クサヤキュウ？」

「そう、草野球」

中年男は満足げにやたらニコニコしている。年の頃は三〇代後半か。春には程遠い、二月の寒さの中で、上はスウェットのパーカーにダウンベスト、下は七分丈の短パンだ。この男こそかなり怪しい。

これが、この物語の主人公ノボルと、後の彼の人生に大きな変革をもたらす草野球との出合いである。

用意がいいよね

次の週の土曜日、ノボルは荒川の河川敷のグラウンドにいた。ちょうど午後から練習試合があるからと、例の短パン男に誘われたのだ。

二月も半ばを過ぎたとはいえ河川敷の風は冷たい。陽が昇り、霜が解けたグラウンドの土は、水を含んで、少し踏み付けただけでもスパイクにこびり付く。

「草野球、やってみない？」

ノボルの何が気に入ったのか、あの日、まるで呪文のような言葉をかけてきた男は、草野球チームの監督だった。葛飾ファルコンズ。ネットで調べると、そこそこ強いらしく、創部三年目にして一部リーグのAランクに位置し、強豪企業チームとの対戦経験も多い。

〈まあ、ちょっと覗いてみるか〉

どうせ休みの日はダラダラしているだけだ。そう思って腰を上げたつもりが、試合が始まる二時間も前に、ノボルはグラウンドに着いていた。しかもスパイクを履いて。

ファルコンズのレベルは確かに高い。それは試合前の練習ぶりを見ても明らかだった。二〇代後半から三〇代が中心で、高校野球経験者も結構いると聞く。

ノボルに気付いた監督が近寄ってきて声をかけた。もちろん今日は短パンではない、ユニフォーム姿だ。

「やあ、来たね。じゃ、さっそく投げてみる?」

「えっ!?」

「キャッチボールだよ」

と、ノボルの足元をちらっと見て、監督は愉快そうに言った。

「用意がいいよね」

キャッチボールの相手として、近くにいた男を呼び、

「キャプテン。彼、今度入部する、えっと正岡ノボル君」

「あ、いや、まだ入部するとは…」

「あ、そう?」

と、監督はまたその足元を見て、ニヤニヤする。

「まあ、いいじゃない。一応ピッチャー志望、だよね」

とっさにノボルは思った。

〈ヤバい…〉

入部するなんて一言も言っていない。ただの見学のつもりが、なぜか昨日の夜、押し入れの奥にしまい込んでいたグラブを引きずり出していた。ほとんど無意識に。そして、あろうことか、下駄箱の一番奥にあったスパイクまで、気が付いたら取り出していたのだ。何年もやっていないのに、習慣とは恐ろしい。

ピッチャー志望なの？

「ピッチャー志望なの？」

キャプテンと呼ばれた彼が聞いてくる。

「い、いえ…」

あの日、駅までの道を歩きながら、しつこく勧誘し続ける短パン姿の監督に、ポジションはどこがいいかと聞かれて、とっさに「投手」と口走ってしまった。監督、あのときの一言を、きっちり覚えていたのだ。頼むから忘れていてほしかった。

というのは、さっきから、向こうでキャッチャーミットをした選手と遠投を繰り返す男のことが気になってしかたなかったからだ。明らかに彼がエースだろう。年齢はノボルと同じくらいか。ややずんぐりとした体型。だがその繰り出す球にノボルは目を見張った。速い。軟球があれほど鋭く回転するとは、ノボルはいままで意識したことがない。スパッと気持ちいいくらいに、ミットの中に吸い込まれるのを見て、ノボルは何度も唸った。

一方、キャッチボールの相手をしてくれたキャプテンは、小さめのグラブをしているから内野手だ。彼もまた、手のひらが痛くなるようないい回転のボールを正確に投げてくる。やはりこのチームはレベルが高いのだ。

しばらく投げ込んでいるうちに、ノボル自身の野球感覚も、何となく戻ってきた。何しろつい数年前まで、野球とはつかず離れず、足かけ一〇年も付き合ってきたのだ。

中学から部活で野球を始め、高校時代、弱小校ながらも甲子園を目指して練習に励んだ。三〇人ほどいる部員の中で、足の速さと肩の強さを買われ、一年生の秋季にはレギュラーになり、一番でセンターを守っていた。大学ではさすがに体育会とはいかなかったが、結構ハードな同好会に入っていた。

社会人になってすっかり忘れていたつもりだったが、こうして、淡々とキャッチボールを繰り返していると、相手との息がすぐにピタリと合ってくる。適度に温まった体に、川面から吹く冷たい風が心地よい。視線の先で別のチームの試合が、もう始まっているみたいだ。バットに当たる軟球の軽快な音に合わせて、時折上がる歓声が、真冬の空にたちまち消えていった。

ポジションはどこでもいいです

試合開始の合図が聞こえ、メンバーがバラバラと自陣のベンチ周辺に集まってきた。気になる例のバッテリーは、投げ足りないのかまだ戻ってこない。

キャプテンに紹介してもらって、皆に軽く会釈をしながら、横目でチラチラとそっちを見ていると、

「気になる？　うちのエースの丸ちゃんだよ。あと、もう一人、山下さんが、うちの二枚看板かな」

そういって、キャプテンが顎で示した先にいたのは、ベンチ脇でストレッチをしながら、監督と愉快そうにしゃべっている中年男だ。

「あれが…？」

監督よりも年上に見える。浅黒く日焼けした顔に、ユニフォームの襟まで届くウェーブのかかった髪。野球選手というより一昔前のサーファーみたいだ。

「だから、いまのところピッチャーは難しいかもしれないけど、正岡くんって、すごくセンス

いいよね。ぜひ入部、よろしくね」

キャプテンはそう言い残し、そろそろ試合前の整列をし始めたメンバーのところに走っていった。

そうか、どうりで、先日ノボルが「投手」と口にしたとき、監督が微妙な表情を返したワケだ。ピッチャーはいまのところ足りているということだろう。

試合は四対〇でファルコンズの勝利。丸ちゃんと呼ばれたエースは練習のときとは打って変わって、球速は抑え気味、その代わり変化球のコントロールは抜群で、持ち球を緩急自在に操り、相手チームの打者を寄せ付けず、なんなく完封。したがって、サーファー山下のピッチングを見ることはできなかった。

試合後、監督の顔を見たとたん、ノボルは思わずこう告げていた。

「入部します！」

そして、自分でも思いがけない言葉を口にした。

「あ、ポジションはどこでもいいです」

自分は何がしたいんだろう

不思議なもので、週末に予定が入ると、会社に行く苦痛が少しは和らぐ気がする。別にそれが野球でなくてもよかったのかもしれないが、一〇年間も慣れ親しんだスポーツだし、味気ない社会人生活から逃れる口実にうってつけではあった。

ノボルは、都内のある医療機器メーカーに勤めている。名前だけは知られた二流大学を出て、就活で散々落ちた末に引っかかった会社だ。従業員は二五〇名ほど。この春で入社三年目になる。営業部に籍を置き、仕事には慣れてきたところだが、その分だけ、日に日に面白味も薄れてきている。どうにもやる気が出ないのだ。

何件か担当している取引先ともまあまあ良好な関係を築けてはいるつもりだが、発注されるままに自社製品をルーティンで納めるだけ。「もっと売れ」とハッパをかけられることもない代わりに、飛躍的に業績を伸ばすチャンスもない。要するに、俺じゃなくてもできる仕事。そう思っている。実際、社では毎年何人かの新卒を採用しているが、同じ部署にはノボル以来、一人も配属されてこない。つまり、部署自体が期待されていないのだ。

ときどき思う。自分が会社にいる意味ってあるんだろうか…。いっそ辞めてしまおうか…。けど、辞めてどうする？　転職先なんかあるのか？　またあの就活のときのような思いはしたくないよな…。

だいたい自分は何がしたいんだろう。就職先がなかなか決まらなかったのも、それがはっきりしていなかったからだ。しかも、いまだにやりたいことも見つからないんだから、転職先？　とんでもない。いまの会社で適当にやり過ごしていれば、何とか食べていけるのに、何を考えてるんだ、俺。仕事なんて楽しいもんじゃない。どこに行っても同じだ…。

会社、辞めようか

あのときもそうだった。得意先の担当者が留守で、やむなく会社へ引き返す途中、短パン監督に声をかけられたのだ。

午前中にアポの確認を入れたにもかかわらず、さんざん待たされたあげく、やっと出先に電話が通じたら、

「あれ、今日だっけ？　明日じゃなかった？」

ときた。おまけに、

「誰？　正岡君？　あれ、担当変わった？　あ、そうか。鈴木さんは主任になっちゃったんだっけ」

もう何度も顔を合わせているのに、いまだに名前も覚えてもらえない。

〈何だよ。ずいぶんだなあ〉

電話口では何も言えなかったが、あとで無性に腹が立ってきた。理不尽な担当者より、存在感なさすぎの自分自身に。日の暮れかけた道を歩きながら、ふとまた思った。

〈会社、辞めようか…〉

そのとき、いつも通る中学のグラウンドのフェンス越しに、野球部の練習が見えて、なぜか釘付けになり、気が付くと大声で野次を飛ばしていた。要するに、中坊たちに当たり散らしていたわけだ。

それにしても、なぜ自分は、監督の誘い文句にうかうか乗ってしまったんだろう。卒業以来、バッティングセンターにすら行っていないのに。しかも草野球なんて。

それより、監督はなぜあのとき、俺に声をかけたんだろう。俺がよほど、野球をやりたそうに見えたのか？

楽しくも勝つ野球か…

何をやっても中途半端で続かないノボルが、これまでに唯一飽きずにやれたのが野球だ。ただ、特別打ち込んでいたわけでもない。何となく続いていたというほうが正しい。勝つためにやっていたわけでもないけれど、負ければそれなりに悔しくて、〈よし、次の試合はやってやる！〉と士気を上げる。

そのくせ、試合後の解放感から、その日は決まってゲーセンに繰り出し、翌日には熱も冷め、いつもと同じ練習メニューをこなすだけ。

何だ、それじゃ、いまのルーティン仕事と変わらない。

いや、一度だけ、ルーティンでなかった思い出がある。

一〇年にわたる野球生活で、ノボルはずっと外野手だった。ただ、高校二年の夏に一度だけ、マウンドに立ったことがある。肘を傷めた同期のエースに代わって控えの三年生が先発したものの、見るも無残に打たれ、チームの中で一番肩の強いノボルが、急きょ終盤に投げることになったのである。

チームはあえなく敗退したが、あの体験はいまも忘れられない。ダイヤモンドの真ん中は、見慣れた外野からの景色とはまるで違っていた。キャプテンの三年生キャッチャーのミットめがけて、がむしゃらに腕を振った。

全神経を集約させた一球が、この手から放れる瞬間に、この世界のすべてが動き出す感じ。相手チームの強打者を何とか抑え切ったときの、息詰まる緊張感。球審のコール一つにもしびれた。

短パン監督にそそのかされ、帰宅してファルコンズのホームページを見ているうちに、あの、多感な頃の記憶がふいによみがえったのだ。

『週末試合！　ダブルヘッダーあり　活動　葛飾　足立
楽しくも勝つ野球を目指します　葛飾ファルコンズ』

〈楽しくも勝つ野球か…〉

もう一度マウンドに立って、あのときの感覚を味わってみたい。草野球のピッチャーなら、そのチャンスはあるかもしれない——。

仕事したくないなあ

葛飾ファルコンズに入部して一カ月ほどが過ぎた。ピッチャーへの淡い夢は、二人のヒーローの存在によって、もろくも打ち砕かれたわけだが、ノボルはなぜか毎週末欠かさず参加している。例の、口の悪いサーファー山下に、

「ほかに行くとこないのかよ」

と、からかわれるほどだ。チームメイトともずいぶん打ち解けて、冗談を言い合う機会も増えた。年齢も職業もさまざまなメンバーが集まっているのだが、必要以上に互いのプライバシーを詮索することはない。ウィークデーにどんな生活をしていようと、土日は必ずグラウンドに来る。必ず来るから練習ができる。試合もできる。そのテッパンの信頼感こそが、草野球の要ともいえる。

そんな、少し心もとないけれど自主性に富んだ雰囲気も、ノボルには妙に居心地がよかった。上司でも同僚でもない、純粋な野球仲間と、白球を追いかける。空を見上げ、風を感じ、声を出して互いを確認し合う。グローブの匂い、土の感触。ハマったといえばハマったといえる。

もはやノボルにとって草野球は、ただの暇つぶしではなくなりつつあった。

いや、もしかしたら、会社勤めの日常と、野球をしている非日常とが、すでに逆転しているのかもしれない。監督に指名されて代打でヒットを飛ばしたとき、めったに外野に飛んでこない球をファインプレーで仕留めたとき、サーファー山下を筆頭に、皆がやたらホメるので、最初は照れくさかった。

でも、いつしかそれが快感になった。ヒットを打って、ベンチに帰ると肩を叩かれる。首に抱きつかれる。「次も頼むよ」と監督から声をかけられる。あるいは、次打者席に向かうときに聞こえてくる山下の声、「おらおら～っ、ノボルまで回せーっ」。自分は期待されている。そんな実感がノボルの心を満たす。

一方で、相変わらず得意先にはすっぽかされる。新しい担当者にはなかなか名前を覚えてもらえない、存在感の薄いノボル。草野球を始めたばかりの頃は、趣味と仕事の両立だ、充実のプライベートライフだと、仕事と遊びをうまく使い分ける、メリハリの利いた大人の生活を手に入れた気分だった。このノリで仕事も軽くこなせるんじゃないかと思ったこともあった。しかし、現実はそうはいかない。だとすると、いささか危なっかしい。

週末の楽しさと平日の虚しさの狭間で、ノボルの胸に去来するのはただ一つ。仕事したくないなあ——。

まあ、いいか

ノボルはよく呟く。

「まあ、いいか」

これは、決して余裕を持つとか、物事に動じないといったプラスの意味ではない。しかたがない、これしかやりようがないと自分に言い訳するときに使う、後ろ向きの言葉だ。

仕事以外に草野球という別世界ができた。生活に張り合いができたから、仕事だってノリでこなせる。「まあ、いいか」だ。金曜まで何とか勤めれば、土日にはグラウンドという別世界が待っている。

しかし、それは幻想だ。草野球は、ノボルが一番やりたいことでは決してない。そこそこできるからやっている。仕事をしている日常より、ちょっとマシなだけだ。

また、悪いクセが出たのである。問題を先送りにするクセ。目の前にある事実に背を向け、なかったことにして切り抜けようとする。そういうところが彼にはある。

土日の楽しみだけで毎日は回らない。ツケはいつか必ず自分に戻ってくる。最初から大してできていない仕事をノリでこなせるわけがないし、仕事はそれほど甘くない。仕事自体に魅力を持てずに、週末の二日でカバーできる生活なんて、ありはしないのだ。

かくして、草野球のおかげで払拭できるかに見えた平日の憂鬱は、消え去るどころかますます深刻になっていく。週末が楽しくなればなるほど、それは深くなる。もはや土日のためだけに、何とか会社に足を運んでいるようなものだ。

こんなふうだから、当然ミスも増える。幸いまだ大きなトラブルには発展していないものの、ケアレスミスを得意先から指摘されることさえあった。何よりやる気のなさは顔や態度に表れる。部署で最年少だからと大目に見てくれていた上司も、さすがに二年も経てば、眉をひそめることも増える。会社での自分の立場が、日に日に危うくなっていくのを、ノボル自身もさすがに実感し始めていた。

もっと試合に出たい

春の公式戦に向けて、葛飾ファルコンズの練習試合も熱を帯びてきた。試合で投げるのは決まって丸ちゃんだ。一二〇キロを軽く超えるストレートがコーナーにビシビシ決まる。小さく曲がるスライダーのコントロールもまずまずで、彼が投げていれば一部リーグ優勝というチームの目標も、十分達成圏内といえた。

一方、ノボルは、レギュラー候補として出場機会は徐々に増えているものの、新人でもあり、ダブルヘッダーのうち一試合に出るというペース。練習も嫌いじゃないし、仲間とのコミュニケーションも悪くない。気心も知れて各選手の能力や経歴、性格やチームに対する取り組み方の違いなども、何となく分かってきたところだ。チームの匂いというか雰囲気が、だんだんと自分に馴染んでいくのも、草野球の楽しみの一つといえるだろう。

それでも、

〈もっと試合に出たい〉

という思いは抑え難い。平日、仕事で出番のない自分の汚名を返上しようとばかりに、ノボルの願いは切実だった。

野球の競技人口は、五〇〇万人とも一〇〇〇万人ともいわれているが、その九割は間違いなく草野球人口である。この草野球、想像以上に懐の深いスポーツといえる。

世の中のほとんどの競技は、同じ境遇の人間たちが集まって行うのが通常である。とりわけ野球に関していえば、学生スポーツはもちろん、社会人もプロ野球も、リトルリーグも、年代が同じであったり、同じ組織に所属する者たちの集合体となる。

ところが、草野球は違う。どこかのチームに籍を置くことさえできれば、野球経歴も、年齢も問われない。職業だってバラバラだ。その意味では、会社にいるよりずっと複雑な人間関係の中で、野球というスポーツに取り組むことになる。当然のことながら、温度差もあり、ゲームへの執着心も違う。しかし目指すところはやはり勝利。そこが草野球の面白い、そして深いところだ。

頭ではそれを分かっていながら、ノボルの中で監督への不満が少しずつ膨らんでいった。ここぞという場面でも、明らかに実力が自分より低い選手を起用する。いまこそ得点が欲しいのに、俺が打席に立てば、俺が走れば…。

監督、ずいぶんチャレンジャーですね

ある日、ノボルの中にくすぶっていたその思いが、言葉になって表れた。ダブルヘッダー二試合目の対戦相手はリーグ戦の初戦で当たると噂されるチーム。最後の練習試合は、五対〇で完勝した第一試合と打って変わって、実力拮抗のエース同士がしのぎを削る投手戦となった。〇対〇で迎えた終盤六回裏。ファルコンズは一死満塁、この試合初めての勝ち越しのチャン

ス。草野球には珍しい緊張感あふれる場面といえるが、ノボルはすでに午前中の第一試合に出場していたため、出番は半ばあきらめていた。しかし、今日の彼は絶好調で、ヒットを二本打っている。いまこそ俺に…。ところが、監督はなんと、ここまでの練習試合でヒットなしの古株の外野手を代打に起用し、この最大の山場を任せたのである。

ノボルの失望を笑うかのように、古株オヤジは最初の二つの絶好球を見逃した。ここはスクイズだろう。しかも相手は真っ向勝負できている。というより、おじさん、甘く見られてるんだぞ。ああ、俺ならいまの球、絶対に捕らえていた。

そう思った矢先、相手投手が繰り出した高めのカーブが、申し訳程度にバットを出そうとしたオヤジの肩口にポコンと当たったのだ。オヤジは思わず首をすくめる。ヘルメットが斜めに傾く。倒れはしないが、腰が砕けてふらついた。ノボルは思った。

〈カッコ悪い当たり方だなあ〉

チームメイトも顔を見合わせて苦笑している。デッドボールの押し出し。それをきっかけに、チームは辛くも勝利した。監督の采配が当たったわけだが、さっきの皆の反応に力を得たノボルが言った。

「監督、ずいぶんチャレンジャーですね」

発してみるとかなり皮肉な物言いに聞こえ、自分でもちょっとビビッたが、監督は「ん？」

と、聞こえないふりで、ニッコリ首を傾げてみせただけ。視線の先には、照れ笑いする古株オヤジを、寄ってたかって小突きながら勝利に沸く、サーファー山下たちメンバーがいた。

まだ草野球を楽しんでないね

翌週の日曜日、春の公式戦を次週に控え、立石商店街の一角にある居酒屋で、チームの決起集会が開かれた。

乾杯のあと、キャプテンたちと歓談をしていると、監督が近付いてきた。酎ハイのコップを片手に、ニコニコしながらテーブルの真向かいに座ると、身を乗り出して監督はいきなりノボルに尋ねた。

「ねえ、うちのキャッチフレーズ、知ってる?」

「えっ?」

「キャッチフレーズ、モットー」

「ああ、あの、ホームページの」

「そうそう!」

「えーと、『楽しくも勝つ野球を目指します』…」

「そう！」

監督が何を言いたいのか分からず、しばらく黙っていると、

「あのねー、ファルコンズはね、楽しくもッ、勝つ野球なの。楽しくッ、勝つ野球ではないの。もちろん、勝って楽しい野球でもなーい」

何を言っているのか。もう酔っぱらっているのか。すると監督は急に真顔になり、

「あのとき正岡君、当たってたよね～。絶好調だったね。でもね、それだけ。君の野球はね、勝つ野球かもしれないけど、楽しくないの」

「え、えーっ、いや、楽しいですよ～、すごく楽しいです」

「いやいや、君は、楽しんでないね。まだ。草野球を」

それから再び監督は真顔になり、

「落合さんね」

落合…。あ、あの古株オヤジだ。とたんに緊張が走る。例の問題発言を蒸し返すのか？

「落合ヒロミツさん。完全に名前負けしてるでしょ。自分でも言うの。それが入部の動機なんだもの」

落合博満。現役中に三度の三冠王達成というプロ野球史上唯一の記録を持つ、言わずと知れ

た最強バッターだ。同姓同名が入部の動機？

「こないだもそうだったね」

あのときのことを思い出したのか、監督は愉快そうに微笑んだ。

「振らずに塁に出る。うちの落合さんも最強なの」

アッと思った。デッドボールを受けて、仲間に手を振りながら、小走りに一塁へ向かう落合を見送る、あのときの皆の苦笑いは、そういう意味だったのか!?

あの場面でデッドボール、カッコいいよなあ

〈けど、何だよ、楽しんでないって…〉

監督が別の席へ移っていくのを、複雑な思いで見送ったノボルは、そのまま皆の輪から離れて一人飲んでいた。草野球って楽しい、仕事なんかよりずっと面白いモノを見つけたと思っていたのに…。監督の言葉の意味を測りかねている彼のもとに、ドタドタと足音を立てて近付いてくる男がいる。ファルコンズ伝説のピッチャー、サーファー山下だ。

「伝説」というのはノボルが秘かに付けたあだ名である。だっていまだにそのピッチングを見

たことがないから。毎週欠かさず練習に参加しながら、ゲームへの出場をひたすら願っているノボルにとって、同じく欠かさず来ているものの、試合はおろかキャッチボールもろくにせず、ベンチで自チームをヤジっては失笑を買っている山下は、まさに伝説だ。

いまではノボルもさすがに、山下がエース級の実力の持ち主という説については疑い始めている。あの丸ちゃんと双璧をなすとは、果たしてどんな球を投げるんだろう。社会人野球上がりか、ひょっとして元プロか。当時大いに膨らんだ妄想も、すでにしぼんでいる。

「おい！　正岡ノボル君！　こないだ大活躍だったなあ。二打数二安打、打率一〇割だ。ワハハ。しかも打点王だ。ＭＶＰだ！」

大ジョッキを高く掲げて隣に座ったとたん、例の松崎しげるバリの白い歯を見せ、大声で恥ずかしげもなくノボルをホメたたえる。

でも、次の試合に監督は、あの大事な場面で、自分ではなく落合を起用した。

「落合さん？　すごいよねえ。あの場面でデッドボール！　カッコいいよなあ！」

と、ノボルの肩をポンポン叩きながら、今度はこっちを絶賛だ。

「落合さんね、別名センキューーさん。いいあだ名だろ。俺が付けたんだけどね」

山下はそう誇らしげに語る。チーム一の選球眼の持ち主という意味らしい。

さすが監督、大した采配だ

プロに比べれば、草野球でフォアボールが多いのはしかたがない。どんなに優秀な投手でも、一試合に二個か三個は与えてしまうのが普通だ。

一方、バッターは皆、打ちたくてウズウズしている。だから、ボール球でもブンブン振ってしまう。

だが、センキュー落合は違う。とにかく振らない。それは自分の実力を十分に理解しているからだ。自分がヒットを打つより、四死球でも出塁する確率のほうがはるかに高いこと、そして、それをチームに期待されていることを知っている。しかも、相手チームのピッチャーが、投手戦になると力んで、彼みたいな打者には最初からガンガン攻めてくることを、長年の試合経験から熟知しているのだ。

「すごいよなあ。打率二割、でも、出塁率はチーム断トツトップ！」

もしかして、落合の入部の動機はそこにあったのかもしれない。三冠王ではなく、打たない記録のほうだ。あの落合博満のもう一つの偉業、八年連続リーグ最多四球記録。

「あのとき、落合さん、ツーストライクに追い込まれてから、半歩ベースに寄ったんだよ。見た？」

相手のピッチャーが、追い込んだら内角カーブで三振を取りにくると踏んでいた。そう山下は分析するのだ。

「それがデッドボールだろ。あそこで出る？　出ないよなあ、普通。すごいよなあ、センキューさん。やっぱり持ってるな」

山下はしきりに感心する。監督が落合を起用した理由が、何となく分かってきた。確かにあの瞬間から、試合の流れは変わった。相手チームにはより緊張が走り、わがファルコンズは、あれで一気にリラックスして、次の得点に結び付いたのである。ノボルの心を読んだかのように、山下が言った。

「ね、だから、あのときはキミが出るよりも、彼が代打で正解なわけ。もっとチャンスメイクできていたら、キミが出てもよかったんだけどね。絶好調だったからさ。けど、さすが監督、よく分かってらっしゃる。大した采配だ。葛飾ファルコンズに名監督ありだよな！」

今度は監督を称賛し始めた。その監督から「草野球を楽しんでいない」と言われたなんて、とても口にできない。山下は、チームの面々を片っ端からホメちぎってから、皆のいる席に戻っていった。酔っ払いたちの間から歓声が上がった。

たまには楽しいこともあるよ

「君はまだ草野球を楽しんでいない」

実は少し前、ノボルは会社の先輩に、同じようなことで質問をした覚えがある。

「仕事、楽しいですか？」

得意先にたまたま同行した帰り道、二人で遅い昼飯を食べていたときだ。三〇歳になったばかりというその先輩は、呆れた顔をして、

「何言ってんだ。楽しいわけないだろ」

と、ノボルの問いを一蹴してから、せっせとカツ丼をかき込み、食べ終わったあとで言った。

「けど、たまには楽しいこともあるよ」

その先輩も、確か野球部出身だ。学校名は知らないが、ガタイは松井秀喜並みだから、さぞかし恐れられたスラッガーだったりして。先輩も草野球をやっているのだろうか。たまにある楽しいこと。いまのノボルにとって、それは草野球以外にない。

部署は違うが、その先輩はノボルの数少ない親しい同僚の一人である。もっとも、社内で顔

を合わせると声をかけ合う程度なのだが。

そういえば、先輩もやたら人をホメる癖がある。いや、人だけでなく、物事全般に何かと感心するのだ。山下ほどではないが、やれ取引先の受付嬢の応対が完璧だとか、上司が朝礼で珍しくいいことを言ったとか、どこそこの飯が値段の割に凝っているとか、口を開けばそんな話だ。出会い頭にそれだけ言って、「すげえよな」と立ち去る。

たいていの話は聞き流していたが、ノボルはなぜか悪い気がしなかった。そんなふうに人やモノを見る習慣が、自分にはなかったからだ。〈そんなに感心することか〉と呆れつつ、その超ド級のプラス志向がちょっと羨ましい。

ノボルは自分を、マイナス志向だと思ったことはない。ただ与えられた状況をそのまま受け取るだけ。「まあ、いいか」である。

これしかないから、しかたがない。ただ、それは、その場の自分の精神状態にかなり左右される。ともすればそれがマイナス方向へと大きく傾くことに、ノボルはこれまで気付いていなかった。

ピッチャーは無理だな

先日の練習試合のときのノボルがそうだった。好調な自分を起用せず、センキュー落合を送り出した監督に向かって暴言を吐いた。

「チャレンジャーですね」

あれはチャレンジでも暴挙でもない。絶対に振らない彼を、フォアボールで確実に出塁させるため、そして、停滞したゲームの流れを一気に変えるため、周到に考えた末に打った一手だった。それがデッドボールというオマケまで付いて大当たりした。山下の言うように、それが真相ならば、なんて面白い試合だったんだろう。その采配に文句をつけるなんて、俺はなんて間抜けだったんだろう…。

ノボルが一人、思いにふけっているうちに、宴会はお開きとなった。春季大会に向け、中締めで士気を上げた後は、いそいそと帰り支度をする者もいれば、まだ飲み足りないのか、グズグズしている集団もいる。ノボルも重い腰を上げようとしたとき、居残り組の中から、山下がひょいと首を伸ばし、手招きをした。

渋々近付くと、すっかり酩酊しているふうの山下は、いきなり大声で言った。

「おお、正岡ノボルくん！　キミ、本当は投手やりたいんだって？」

だ、誰がそんなことを。過去の気の迷いを何でいまさら。

「いや、とんでもないですよ。丸ちゃんさんと山下さん、ツートップがいるのに。言ったとしても冗談です。忘れてください」

「あ、そうなの？」

トロンとした目でノボルを見つめる。ふと、やっぱりこの人に聞いてみたくなった。さっき監督が言った言葉の意味を。

「ふーん、楽しんでない、ねえ。そうかもしれんなあ」

「いやいや、ホント、楽しんでますよ、俺。もう、仕事辞めて毎日野球やりたいくらい」

「仕事辞めて、はぁーん」

「そうです。会社辞めたいですよ」

思わず本音が出た。

「そうなの？　じゃあ、ピッチャーは無理だな」

草野球のピッチャーは野球の頂点なんだ

「えーっ、どうしてですか？　仕事とピッチャーと何の関係があるんですか!?」

「大アリさぁ」

山下は突然真顔になり、大ジョッキをドンとテーブルに置いて話し出した。

「あのね、草野球のピッチャーはね、すべての野球の頂点なんだ」

何を言っているんだかサッパリ分からない。酔っ払いに相談するんじゃなかった。

「野球のって、野球の頂点はプロ野球じゃないんですか。あ、違った、メジャーか」

山下は失笑する。

「バカだなぁー。金もらって野球やって、何が面白いの？　楽しいわけないじゃん。しかも、どんないい選手にだって、契約ってものがあるのよ。みんな人に決められちゃうの」

山下は大ジョッキを持ち上げ、一気に飲み干してから話を続けた。草野球は誰からも給料をもらわない。諸々の事情を抱えた大人たちが、その日、そのとき、仕事や家庭のいろんなことを調整し、それぞれ己のけじめを付けて、毎週グラウンドに集まり、一つの球を追いかけるのだ。契約なんていう関係じゃなく、自分一人の責任感において、仲間との信頼関係のみにおいて成立する、それが草野球。楽しくも勝つ野球がそこにある――。

「仕事や家庭をほっぽり出して、野球だけやりたいなんていうのは、甘ちゃんの学生までだよ。ましてやピッチャーなんて、一〇〇年早いよなあ」

さっきまで遠目で見ていた居残りメンバーたちが、いつのまにか、ノボルと山下の周りに集まってきた。監督も残っていたが、こっちの話を気にするふうもなく、センキュー落合と二人、少し離れたところで話し込んでいる。

「草野球のピッチャーはね、そういうチームの顔なんだ。投手の強みがチームみんなの強みになる。チームのカラーはピッチャーそのものなんだ。そんなの、プロにはないだろ。エースは技術だけじゃない、メンバー全員の気持ちの軸だ。みんなの生き方の指針なんだよ」

キミはいいピッチャーになる

すぐそばにいたキャプテンが思い出したように、試合のときと同じよく通る声で、自分の中ジョッキと山下の大ジョッキと、ノボルのウーロンハイをおかわりした。

「はいはい、これから二次会ですよ」

山下は続ける。

「みんな別々の仕事を持っているだろ。その上で野球がある」

「ああ、野球の頂点って、そういう意味…？」

ノボルがそう呟くと、山下はとたんに顔をほころばせた。

「そうだよ！　草野球は仕事じゃない。生活そのものだ。ベースボール・イズ・マイライフってわけだ。プロは生活のために野球をする。全然違うだろ」

「はあ…」

「だから、チームの軸のピッチャーは、自分の仕事を通じてチームに貢献する。逆に言うと、野球を通じて仕事をすることもある。どっちに偏ってもダメだ。その上で勝つんだ」

そういえば、と、何かを思い出した山下は、ますます愉快そうに眼を細めた。

「監督が言ってたな。初めてお前さんを見たとき、ずいぶんうらぶれた目をしてたって」

あの夕暮れの中学校のグラウンドのことか。

「けど、ものすごく野球が好きそうだったって。だから声をかけたんだとさ」

監督のほうをちらっと一瞥してから、届いた大ジョッキの生ビールを、グビグビと半分ほど飲み、山下は言った。

「そんなに野球が好きなら仕事に活かさなくてどうするよ。どっちもとことんやるのがエースってもんだ」

「エ、エース？」

「キミはきっといいピッチャーになるよ、正岡ノボルくん。肩も強いし、あのフォームなら投手向きだね。変化球もいけそうだし、ぼちぼち投げる練習もしなきゃな。会社辞めてる場合じゃないぞ」

ベンチでもできることはある

四月に入り、いよいよ春季大会が開幕した。といっても、ノボルは相変わらずスタメンを出たり入ったりの日々だ。つまり、従来のメンバーが好調をキープしているということで、それはそれでいい。自分は、いまのうちにできるだけたくさんの試合を観戦し、相手チームを大いに研究しておこう。

あの決起集会以来、ノボルの中で何かが少しずつ変化し始めた。たとえ試合に出られなくても、ベンチでできることはあるはずだ。試合に出ることばかり念じていた以前とは違って、そんなふうに考えるようになっていた。

そして、あの日、山下から言われたとおり、ノボルは自分なりのピッチング練習も始めている。それで気付いたことだが、ノボルは結構コントロールがいい。これは山下も太鼓判を押したように、もともとの肩の強さに加えて、安定したフォームによるものだろう。

とはいえ、エースの丸ちゃんは、相変わらずの好投ぶりだから、当面ノボルの登板はなさそうだ。球速は山下よりはあるかもしれないが、コントロールも変化球も、二人には遠く及ばないし、昔遊びで投げていた小さく曲がるスライダーも、実戦仕様にもっと磨く必要がある。

実は、ファルコンズには二人のエースのほかに、投手登録している選手が二人いる。実力も経験も十分にあるのだが、年齢的に、ややスタミナに難がある。七回で試合終了ということも多い草野球では、ほとんど一人の投手が完投するので、勢い、若くてコントロールも抜群の丸ちゃんに頼ることになる。確かにいまは安泰だが、将来的には不安材料がないとはいえないのだ。山下がノボルにハッパをかけた理由も、その辺にあるのだろう。

もっとも、ファルコンズの強みはピッチャーだけではない。守備では、熟練のメンバーが投手を支え、攻撃となれば、センキューさんをはじめ個々の特性を活かした打撃力を発揮し、着実に得点を重ねる。チームワークも文句なしだ。

実はその中心にいるのが、誰あろうサーファー山下なのである。

ノボルはつい先日、初めて山下が投げるのを見た。丸ちゃんの調整絡みで登板したのだが、圧倒的な球威こそないものの、抜群のコントロールでテンポよく投球を重ねる。何より安定感がハンパない。

というより、山下がマウンドに立つと、チームの中に、丸ちゃんとはまるで違う安心感が生まれるのである。

この一体感は何だろう

実は、山下のブルペンでのピッチングを見たとき、正直、周囲が絶賛するような実力があるとは思えなかった。やっぱり『伝説のピッチャー』というのは、自分の勝手な思い込みだったのか。しかし、ゲームが進むにつれノボルは気付いた。無駄のないオーソドックスなフォームで、山下は速球と変化球を無理なく投げ分け、みごとに打者を困惑させた。しかもその背後で、メンバーのサポートマインドというか、全力で彼を擁護しようというチームの熱が、回を追うごとに上がっていくのが分かる。

山下は、いわゆる打たせて取るタイプのピッチャーだ。軟球の場合、バットの芯を外すと変にバウンドしてしまい、打球の行方がつかみにくい。ところが、イレギュラーな打球にも、わがファルコンズの選手たちは実にうまく対応する。まるで待っていたかのように、狙い定めたグラブにすっぽり球が収まり、気持ちいいくらいテンポよくゲームが進む。ボールをわざとバウンドさせて捕るノックを、彼らが日頃から根気よく続けていた理由が分かった。

当の山下は、そのテンポを楽しむように、一球投げるごとに振り返っては、メンバーに向かって順繰りに、やたら陽気な声をかける。お決まりの失笑ものの下卑たセリフも、皆、笑いながら聞き流す。普段めったに冗談を言わないキャッチャーが、絶妙なタイミングで切り返し、逆に山下がたじろいだりして、かえってそれが試合中という特別感を醸し出している。この一体感は何だろう…。

ゲームは完全にファルコンズのペースだ。ノボルは、みんなを「その気にさせる」陰のエース山下の、底力の一端を見たような気がした。

ちなみに、親しいチームの投手に故障が出たときなど、そのチームの監督から頼まれて、山下が練習試合の助っ人に出向くこともあるらしい。それが、ケタ違いに下手なチームで、せっかく打ち取った外野フライをエラーするわ、内野ゴロをトンネルするわ、鉄板の牽制球を軽く捕り逃がすわというヘッポコぶりであっても、マウンドの山下は例のごとくヘラヘラ笑っているそうだ。

おまえが会社の顔になるんだぞ

四月に入り、ノボルの勤める会社にも、ちょっとした変化があった。いや、ちょっとどころではない。彼にとっては想像を絶するほど大きな変化といえる。秋に行われる新製品の内覧会で、あろうことか担当窓口を任されたのだ。

従来品で安定した収益を得ているとはいえ、医療業界の飛躍的な進歩に追い付けず、新分野への参入はおろか既存品のリニューアルもままならなかった同社が、満を持して送り出す新製品である。毎年営業部が持ち回りで行っていた内覧会も、ここ数年は規模を縮小し、社内で細々と行うのが常だったが、今期、ノボルの部署の番になって、久しぶりに社外の会場を借り、従来品も含めた全社的な内覧会を開くことになったのだ。

〈ヤバいことになった…〉

前述のように、ノボルの所属する部署では、従来品をルーティンで納品しているので、新製品を扱うことは基本的にない。それをいいことに、実は、他部署で扱っている製品について、ノボルは素人同然の知識しか持っていなかった。

これは、明らかに、彼のいままでの仕事に対する姿勢の問題である。人並みに仕事熱心な営業マンであれば、自社の製品なら、たとえ自分に関係なくても、ある程度、特性等を把握し、いつ何時外部の人間から尋ねられても説明できるよう準備しておくのが普通だろう。医療器具という特殊な分野とはいえ、ノボルの場合は、これまであまりにもそれに無頓着すぎたのだ。

しかし内覧会となるとそうはいかない。企画の準備段階から、新製品はもちろん、自社製品全般の情報を完璧に把握し、得意先や関係業者、専門紙等のマスコミ向けに、どんな対応もできるよう備えなければならないのだ。新規ラインナップには、まだサンプル段階のものもあるから、設計部や製作現場にも直接出向いて、進捗状況、変更箇所等に合わせて、作成資料に反映させる必要もある。とにかくやることが山積みなのだ。

「いいか。今回の内覧会には社の将来がかかっている。うちの部署に回ってきたのも何かの巡り合わせだ。自分とは関係ないと思っているかもしれないが、おまえが会社の顔になるんだぞ。チャンスだと思って、とにかくやり通せ」

普段は甘口の課長の見せた厳しい顔に、ノボルはまたまたビビる。

〈会社の顔…〉

「ピッチャーはチームの顔だッ」

大ジョッキ片手にハッパをかけるサーファー山下の赤ら顔が、なぜか重なった。

結局、俺は何も見ていなかったんだな

それから数カ月、ノボルは無我夢中で働いた。こんなに働いたことは、後にも先にもない。むしろ、これまでまともに働いていなかったということだ。とにかくやること、覚えることが多すぎる。自分がどれだけサボっていたのか、嫌というほど思い知らされた。会社を辞めたいなんて、仕事をしていないから言えたのだ。いまはそんなことを口にする暇もない。

内覧会を担当して、自分が籍を置く会社がどんなものなのか、ようやく全体像が見えてきた。同社は主に循環器系の医療器具を扱っている。今回の新製品も、大きく分類すればその分野といえるが、従来品よりはるかに汎用性が高く、他分野への参入も期待できる。このシリーズ一つで社の販路が大きく広がる可能性があるのだ。そのため、営業部の力の入れようはハンパではない。

製品を開発した研究開発部の思い入れも、痛いほど感じる。聞けば、企画が立ち上がったのは、三年前だという。ノボルが入社する前のことだ。その頃から丹念に研究を積み、試行錯誤を重ねながら、開発に取り組んだ結果、ようやく開花したわけだ。ノボルはそのことを、つい

先日まで知らなかった。

営業部、開発部、生産管理や技術部、財務から広報まで、担当者との打ち合わせは連日多岐におよんだ。何しろ元が素人同然だから、各々の情報を一から詰め込まなければならない。その上、普段は口も利いたことがない上層部にも、必要に迫られてアポを取る。必死でヒアリングし、ウンウン唸りながら書類を作成し、上司への報告と連絡を続けるうちに、ノボルは徐々に理解していった。自社のメーカーとしての誇り。弱小ながら、日本の医療界に少しでも貢献したいというサーバント・マインド。社員の誰もが大なり小なり、何らかの矜持をもって、日々の仕事に取り組んでいるのである。

俺はいったい会社の何を見ていたんだろう。就活で引っかかったのがこの会社だけだったのは事実だが、入社後にいくらだって考察する時間はあったはずだ。結局、俺は何も見ていなかったんだな。

そういえば、センキュー落合さんは、ファルコンズのことをよく見ていたからこそ、チームにとって何が必要かを理解していた。だから、自分のできることでチームに貢献しようとしてきた。それがやがて、チームの中で自分の存在感を、あれだけ大きく示すことになったのだ。会社のことを何も知らない自分が、存在を認められないと嘆くなんて一〇年、いや一〇〇年早い。ノボルは何とも恥ずかしくて情けなかった。

ベースボール・イズ・マイライフ

連日仕事に追われながらも、ノボルは毎週末必ずファルコンズの活動に参加していた。寝不足だろうが、残業が続こうが、仕事がきつければきついほど、土曜の朝にはきっちり七時に目が覚め、自然とグラウンドに足が向くのである。

春季大会では、リーグ戦を勝ち抜き、決勝トーナメントでも、準決勝でみごと足立区の強豪に初勝利するなど健闘し、準優勝となった。

チームはすでに秋季大会に向け、毎週練習試合で研鑽を積んでいる。週を追うごとに、空は高くなり、風は涼しさを含んでくる。晴れた日に、仲間の声がよく通るのは、大気が乾いてきたせいか。そんなふうに五感のすべてで季節を感じると、平日の疲れがすんなりと抜けていく。これも草野球の醍醐味だろう。

この頃になると、猛暑にやられた年配レギュラー陣に代わって、ノボルはほぼ毎回、スタメンの座を獲得していた。しかも、エースの丸ちゃんが、長引く夏バテのせいで調整不足に陥り、ノボルが代わりに練習試合のマウンドに立つ機会も増えている。

これは山下の強い推しによるものだ。猛暑とも夏バテともまったく無縁のこの男は、ノボルが熱心にピッチング練習を重ね、投手の面白さに目覚め始めたと見るや、試合相手のチームの力量に応じて、ノボルに経験を積ませる機会を巧みにつくり、監督に提案する。

おかげでノボルは変に気負うことなく、草野球のピッチャーとして着実に力をつけていったのである。

初めて河川敷のマウンドに立ったとき、あの、高校時代の成功体験が、また味わえるかと思った。でも違った。自分がこの世界のヒーローになったような、あのしびれるような感覚はよみがえらなかった。その代わり、また別の気持ちよさがあった。仲間を感じるというか、皆の信頼を請け合い、同じだけ皆に請け合ってもらう、イーブンの、ウィンウィンの、ゆるぎない安心感。おそらくいまの自分でなければ実感できなかっただろう。

いまや草野球はノボルにとって、生活に欠かせないものになりつつある。しかし、以前のように、味気ない、つまらない、追い詰められた境遇から逃れる先ではないことは確かだ。ベースボール・イズ・マイライフ。草野球を楽しむということの意味が、ようやく分かりかけてきたノボルだった。

おまえならやれると思ったよ

一〇月の最終週に行われた内覧会は、無事成功裏に終わった。準備の大詰めと秋季大会の終盤が重なり、一時はどうなるかと思ったが、何とかどちらも乗り切った。もちろん成果が上がるのはこれからだが、ともかく社内外の一定評価は得られたようで、社長からも直々にねぎらいの言葉をかけられた。ノボルは自分でもびっくりするほどうれしかった。入社以来、いや、いままで記憶にないくらいの喜びだった。

上司からも、「おまえに任せてよかった」と、最大級のホメ言葉をもらった。次の言葉はてっきり「こんなにやれるとは思わなかった」だと予測したのだが、案に反して、「おまえならやれると思ったよ」。

これにも驚いた。ノボルがよほど意外そうな顔をしたのか、「だって、おまえ、人の話をよく聞くだろう」と、またまた意外なことを言う。いや、それは、あまりに自分が会社のことを知らないので、必死に聞かなきゃ頭に入らなくて…。

「普通のやつは分からなくても分かったフリをするだろう。けど、おまえは会議の席でも平気で『分かりません』と言う。たまにヒヤヒヤさせられるが、それがおまえの長所でもあるんだよな」

分からないなら教えてやろう。こいつのために、分かるように説明しよう。そうやって気付かないうちに、ノボルは営業ばかりか技術のスタッフさえ、その気にさせたというわけだ。

「情報量が多くて結構大変だったろう。けど、真剣に聞こうとすりゃ、話すほうも真剣になるもんだ。おまえのおかげで情報が整理できてよかったと、皆、言ってるよ。まあ、会社の顔とまではいかなくても、会社の耳にはなったわな」

と、最後は自分のオチのうまさにご満悦のようだったが、思ってもみなかった点を上司に長所と指摘されて、ノボルは照れた。そんなところを見ていてくれたのか。後付けでもオチがまずくても、やっぱりうれしかった。

何か変わったこと、ありました?

そういえば、先日も変なところを指摘されて驚いたことがある。同じ部署の事務の女子社員から、いきなり「最近、何か変わったこと、ありました?」と聞かれたのだ。「何で?」と聞き返すと、ノボルが渡す伝票の文字が、この頃格段に見やすくなったというのである。

「数字とか、丸とか、すごくきれいで見やすいです。何か、人に優しくしたくなるようなことがあったのかなあと思って」

驚いた。ちょっと字がきれいになったからって、女子はそんなふうに考えるのか。というか、昔はよほど汚い字を書いていたってことか。

思い当たるのは草野球のときのピッチングノートだ。レギュラー入りする前から書き始めて、いまも続けている。ピッチングといっても、それ専用ではなく、相手チームの情報を何でも拾って記録したものだ。スコアブックの記入はタブレットだが、このノートはバリバリの手書きである。

草野球の場合、同じチームとの対戦回数が限られるので、一回の試合で書き留めた内容が次のときにすぐ分かるように、なるべく見やすくていねいに書くよう心がけ、時には図やイラストも入る。あくまで自分のためのものだが、近頃はチームメイトからも見せてくれとせがまれたり、試合前に監督から「あれ、見せて」と言われることもある。どうやらその習慣が思わぬ効果をもたらしたようだ。

女子の情報伝達力は侮れない。ついこの間、偶然に彼女が同僚の子に書類を見せて、「ほら、ねえー、きれいでしょー。全然前と違うよねえー」「ホントだ。違うぅー。何でかなあ」と話しているのに出くわして、ノボルは慌てて身を隠した。たぶん自分の書いた伝票だろう。照れくさいというか、バツが悪い。これまでは汚く書きなぐった字が当たり前で、読む人のことなど想像すらしなかった。ていねいな字は、伝える相手への配慮でもあり、伝えたいという意思でもある。形から入るのも大事だ。

でも、まさか草野球を始めたからともいえない。いや、そのうち誘ってみようか。

生活の上に草野球がある

内覧会が終わったばかりでヘトヘトながらも、練習に顔を出したノボルを、衝撃的なニュースが待っていた。丸ちゃんがバイト先のコンビニで不祥事を起こしたというのだ。

ノボルはそのときまで知らなかったのだが、丸ちゃんは定職を持っていない。イラストレーターという肩書は一応あるものの、この不景気で何冊かあった定期刊行物の仕事がなくなり、近頃はコンビニのバイトで食いつないでいたという。不祥事といっても、そのバイト先の店長から、たまたま仕入れ用に預かったお金を、一時、自分のカードローンの返済に充ててしまったのだ。すぐに返すつもりで、丸ちゃんが金の工面に奔走している間に、犯人が分からないため、店長が警察に届けたことにより、事件が発覚したのである。出来心だろうという店長の計らいで、それ以上大事にはならずに済んだが、丸ちゃんはこれを機に田舎へ帰ることになった。

確かに、最近の丸ちゃんは少しおかしかった。冷静沈着で物事に動じないところが彼の持ち味だったのに、ちょっとしたことで動揺したり、声を張り上げたりする。それはピッチングにも表れ、一発打たれると自慢の制球が乱れがちになり、そのまま立て直せないということもあった。食欲がないのは夏バテのせいだと言っていたが、このところ風邪も引きやすく、山下から体調管理を厳しく指導されていた。

実は、丸ちゃんは歯科技工士の資格も持っているのだが、イラストへの夢が捨てきれず、独学でマスターし、その道へ進んだのだそうだ。故郷に戻って、あらためて技工士の職を探すということだが、地元では文字どおり高校野球の元エース。でも、丸ちゃんは、もう草野球はやらないと言ったらしい。

とはいえ、丸ちゃんが抜けるのは痛い。本当に辛い。丸ちゃんは大事な仲間だ。ファルコンズの宝だったのだ。ノボルは、昔山下に言われたことを思い出していた。草野球はすべての野球の頂点だ。そして、生活の上に草野球がある。心身が充実してこそ楽しめるスポーツ。草野球を楽しむという意味の奥深さを、ノボルはあらためて噛み締めた。

投手の球はチームのものなんだ

ノボルが懸念していたとおり、エースの丸ちゃんが抜けた穴はやはり大きく、しばらくはチーム全体に停滞ムードが漂った。幸いシーズンオフに突入したので、自主トレと称して各々傷を癒していたが、いざ練習を再開すると、積極的な選手の補強が必要ではないかという声も上がった。

しかし、監督はそれには応じなかった。勝つためだけに選手の補強はしない。まずはチームのポテンシャルをキープすること。一人一人がさらに上を目指すこと。そのうえで、出会いがあれば仲間は勝手に増えていく。

「正岡君のようにね」

〈いや、監督、それは違う。あなたが俺を引っ張り込んだんだ…〉

事実、ノボルは名実ともに二番手エースとして成長しつつあった。一番手はもちろん山下だ。練習試合の登板機会は明らかにノボルのほうが多いのだが、監督がそこは譲らない。あくまでトップは「山さんだからね」と、そんなこと百も承知なのに、何度も念を押す。

その山下に、シーズン前から、ノボルはピッチャーとしての指導をさらに厳しく受けることになったのである。いや、「厳しい」には語弊がある。山下は、ノボルが何をやっても、「すごいなぁ、さすがだなぁ」と、やたらホメる。日頃ホメられつけていないノボルはなぜかそれでやる気が出る。ホメ殺し山下の指導法はまさに、ノボルのキャラにピタリとハマったわけだ。

ただ、ノボルにはちょっと不満があった。もっと変化球を教えてほしいと頼み込んでも、覚えたてのカーブで少しでもノボルのフォームが崩れると、すぐさま「やめておこう」と中止を命じる。

「いまさらカーブなんかで勝負することないよ。キミにはいい感じのスライダーがあるじゃない。チェンジアップもマスターしたし、それで十分さ」

草野球のピッチャーが、無理をして肘や肩を壊したら元も子もないというのだ。

「草野球の投手の球は誰のものだと思う？　チームのものなんだよ。だから『俺の球』なんかいくつも持たなくっていいの」

チームのポテンシャルを上げる。そのために各々がやるべきことと、やらなくていいことをきっちり見極める。監督の信念を具現化できるのは、おそらくその山下イズムの力なんだろう。

自分の体の声を聞け

こんなふうに、草野球の投手としての心構え、そしていくつかの変化球を伝授されたノボルは、シーズン突入と同時に目覚ましい活躍ぶりを見せた。攻守ともに安定したプレーで、監督の言う『楽しくも勝つ野球』を体現する、頼もしい若手ホープといえる。

ただ、一人山下は、そんなノボルをやや危なっかしいと思っているようだ。彼がつけているピッチングノートについても、ある程度認めてはいるものの、「もっと自分の体の声を聞け。文字に書いて頭に入力するのはいいが、出力するときには慎重に体に覚えさせなきゃいけない」と、訳の分からないことを言う。

そういえば山下自身、猛暑も極寒も、夏バテも風邪も寄せ付けない、強靭な肉体に見えるのに、体調については、ひ弱な色白青年並みに気を遣う。決して無理をしない。「だからできるだけキャッチボールはしないの」とうそぶくほどだ。自己管理の徹底。そればかりを口うるさく唱える山下に少々辟易していた矢先、ノボルはその意味を知ることになる。公式戦の直前、練習試合で調子に乗り、大差がついているにもかかわらず、ホームベースにヘッドスライディングして、利き手の指を脱臼してしまったのだ。

幸いケガは軽く、短期間で完治した。しかし、そのときの山下は怖かった。いつものホメ殺しの一面は消え、

「あの場面でやるかぁ!?」

と、烈火のごとく怒って毒付いた。練習試合で主力投手がヘッドスライディングとは何事か！というわけである。

「おまえの体は、おまえだけのものではなーい！」

確かに、数日間の手指のケガで、チームだけでなく会社にもそれなりに迷惑をかけた。

「チームにとって一番いい投手はな、速い球を投げるとか、すごい変化球を投げるとかじゃないんだ。チームが投げてほしいときに、ちゃんと投げられるかどうかなんだよ。どんなに有能な投手でも、ケガだの体調不良だので大事な試合に出られなければ、何の価値もない」

山下の言葉に、ノボルは自己管理の大切さを痛感した。自己管理の甘さは、自分に期待してくれる仲間を裏切る行為なのだと初めて知ったのである。

聞こえてたんだ

ホメ殺しの山下が見せた怒りを、実は、ノボルはそれより前に一度だけ見たことがある。烈火のごとく、ではないが、静かに、だが強く、悲しみにも似た憤りだった。あの、ファルコンズ稀代のエース、丸ちゃんに対してである。

体調管理を怠り、風邪ばかり引いている丸ちゃんに、山下は顔を見れば口酸っぱく注意していた。ところが、ある時期からそれがピタリとなくなった。試合中もあれほど爆発的にエールを送る山下が、丸ちゃんにだけは声をかけない。そんな二人を注意深く観察するようになって、ノボルは気が付いた。マウンド上の丸ちゃんは相変わらず、孤高の投手ぶりを発揮していたが、何となくいままでとは雰囲気が違うのだ。

シーズンもそろそろ終盤の頃だった。仲間の一人が、平凡な内野ゴロをエラーした。そのとき、ライトからカバーに入ろうとしたノボルの耳に、「チッ」という声が聞こえた。丸ちゃんが舌打ちしたのである。すぐには信じられなかった。思わずその横顔に目をやったが、彼はいつものポーカーフェイスで、足元の土をならしている。ほかのメンバーが気付いたかどうかは分からない。「ドンマイ」と声をかけ合って、そのままゲームは続いた。

しかし、投げる丸ちゃんの肩越しに、ベンチ脇に立つ山下の姿がチラッと見えたとき、ノボルはギョッとした。

〈聞こえてたんだ〉

山下は明らかに怒っていた。

「おうおうっ、気にするなぁっ」

と、普段どおりハイトーンで叫びながら、浅黒い顔は濃さを増し、下ろした拳は強く握られていた。

〈山下さんが怒ってる…〉

ゲーム自体は確か辛くも勝ったと記憶している。試合終了後、山下は丸ちゃんの肩を軽く叩いて呼び止め、二人はどこかに消えていった。

その後、丸ちゃんの舌打ちを聞いたことは一度もなかった。あれだって、ひょっとしたらノボルの空耳だったのかもしれない。

丸ちゃんがトラブルを起こしてチームを去ったのは、それから間もなくのことである。

2 成長

**エースは一日にして成らず！
一人の男の成長が、人も職場も変えていく**

俺が教えるものは何もない

ノボルが葛飾ファルコンズのメンバーになって五年目に入った。いまや彼は誰もが認めるチームのエースである。

もちろん、レジェンド山下は健在だが、監督同様、入団当初からなぜかノボルに過度な期待を寄せる山下は、自分の得意とする変化球をいくつか伝授し終え、すでに「俺が教えるものは何もない」と豪語していた。ただ、師匠のようにそれらを自在に使いこなす域までに達していないことは、ノボル自身が一番よく分かっている。

ノボルが入部してからこれまでに、ファルコンズのメンバーも少なからず顔ぶれが変わった。丸ちゃんを失ったファルコンズは、在来メンバーのみでそのピンチを乗り切り、『楽しくも勝つ野球』に向けて結束を深めた。それを見定めた監督の指揮の下、チームは次のステージへと漕ぎ出したといえる。

ホームページを見て入ってくる二〇代前半の若者もいて、平均年齢も少し下がったはずだ。新入部員のほぼ全員が野球経験者だが、どういうわけか若手は揃ってピッチャー志望である。

投手層は厚いに越したことはないから、試しに投げてもらったりするのだが、ピッチングコーチも兼務する山下が、なかなか首を縦に振らない。そのうちに、練習にも出てこなくなり、辞めてしまう者もいた。

〈そりゃそうだよな。やりたくないポジションじゃ。草野球だもん〉

自分の入団当初を振り返ると、ノボルには彼らの気持ちが分からなくもない。また野球をするなら、やりたかったポジションにつきたいものだ。だって、草野球だもの。自分もそう思っていた。ただ、その望みがかなわないからって辞めてしまうのは、ちょっともったいないような気もする。

正直なところ、いまのノボルは投手というポジションにそれほど執着しなくなっていた。スターの丸ちゃんが抜けたため、タナボタ式に回ってきた役を、山下の鬼指導により半ば即席で投手らしく仕立ててもらったようなものだ。マウンドに立てばエースっぽくふるまうが、命じられればどこでも守るつもりでいる。試合に出られるだけで儲けもの。それでチームの勝利に少しでも貢献できれば、翌日気持ちよく会社に行ける。それだけでいいくらいだ。

俺って、こんなだっけ？

こんなふうに思えるまでには、結構いろんなことがあった。公式戦でボコボコに打たれたこともあったし、大事な試合でフォアボールとデッドボールを連続献上し、押し出し祭りも経験した。苦手な相手にはとことん弱く、ふがいないピッチングが続いたあとでマウンドに立つと、ちょっと過呼吸になる。

「俺って、こんなだっけ？」

と、これには少なからずショックを受けた。自分で自分が情けなくなるが、監督もチームメイトも、文句を言うどころか、「気にするな」「次よろしくな」と決まって声をかけてくれる。山下などは面白がっているところすらあって、「おいおい」とか「あーあ」とか笑いながらリリーフに立ち、きっちりと後始末をしてくれる。だから、自分から「辞めます」なんて言えるはずがない。

そんな日々が続くうち、いつからだろう、気が付けばみんなが、ノボルのことを「うちのエース」と呼ぶようになっていたのだ。

　メンバーが変われば、チームの雰囲気もおのずと変わりそうなものだが、そうでもないのが草野球の面白いところだ。同じ会社や学校などで創部し、職種や年齢が限られる場合は別だが、草野球の場合、基本的には来る者拒まず、去る者は追わずだから、チームの特色を醸成する暇もない。敢えてチームのカラーというなら、やはりそれを決めるのはピッチャーだろう。「あそこのエースは球が速い」だの「いいスライダーを投げる」だの、たいてい評価は投手に集中するものだ。

　しかし、少なくともファルコンズに関しては、それは当てはまらない。ノボル自身も、自分がチームの顔だとは夢にも思っていない。山下がいつも口にする『ピッチャーはチームの顔』という言葉の本当の意味が、すでに何となく分かっているからだ。

自分のためだけに投げてるんじゃないよね

「エース」と呼ばれるたびに、何だか気恥ずかしく感じるのは、ノボルにとって絶対的な「ファルコンズのエース」の存在があるからだ。チームを去った丸ちゃんである。

　四年前、河川敷のグラウンドに見学に行き、初めて彼のピッチングを見たときの衝撃は、いまも忘れられない。あのときの丸ちゃんは輝いていた。大げさではない。山下には聞かせたくないが、ここだけの話、〈プロでもやれるのに〉と本気で思ったものだ。投球だけではない。野球へのひたむきさが、何に対しても中途半端だった当時のノボルを打ちのめしたのである。

間違いない。丸ちゃんは誰よりも野球に対して真面目だった。エースとして、常にベストなピッチングでチームを引っ張っていく。その気迫にあふれていた。自分が投げなければ。できるだけ速い球を投げ、一つでも多く三振を取り、試合に勝たなければ意味がない。だからこそ、あの舌打ちだったのか？　野球にエラーは付きものなのに、味方のミスがどうしても許せない。どこかで責めてしまうところがあったのか。

いまだに仲間におんぶに抱っこの分際で、ノボルが言えることではないが、マウンドに立つようになると、丸ちゃんのそんな気持ちが少しは理解できる。むしろ正反対の、誰がミスをしてもヘラヘラと笑っていられる山下のほうが、気が知れないと思うこともあった。

あるとき、ノボルはかねてから抱いていた疑問をおそるおそる山下にぶつけてみた。

「エラーされると、イラッとしませんか？」

当然、例の丸ちゃんの事件に含みを持たせたつもりだったが、山下は意にも介さず一言、

「するか、そんなもん」

それから、いかにも呆れたという顔で、

「エラーした人に腹を立てたら、その人がうまくなるの？」

と来た。

「それで自分のペースを乱すほうが、チームにとって大損じゃない」

そして、ノボルの顔を横目で見ながら探るように、

「あれ？　まさかキミ、自分のためだけに投げてるんじゃないよねぇ」

ちょっとひるんだノボルに向かって、山下はいつものように白い歯を見せた。

「だって、一番動揺してるのは、エラーした野手のほうでしょ。迷惑かけたからって。それをカバーするのがエースじゃない。責めてる場合じゃないよね」

最後に、ノボルの肩をポンと叩いて、茶目っ気たっぷりに笑う。

「みんなが楽しく勝たなきゃあ。俺たち、草野球やってるんだよ。ね、正岡ノボルくんッ」

両方ともできる方法もあるんじゃない？

二年目の秋の公式戦の頃だったか、週末ごとに出張が入り、試合に出られそうもないと監督に告げたことがあった。

横で聞いていた山下が、監督より先に口を出した。

「両方ともできる方法もあるんじゃないの？」

ノボルが首を傾げていると、「無駄を省けばいいんじゃん」と、また簡単に、訳の分からないことを言う。

無駄って何だ？　仕事のほうは無駄を省くどころか、ここのところ初めて任される案件ばかりだ。一方、試合のほうは、今季の成績を左右する重要なカードが続き、緊張感あふれるゲームが予想される。チームのことを考えると何一つ無駄にできない。山下が言ったように、簡単に両立できるとはとても思えなかった。

ところが、ふたを開けてみると、これが仕事にも野球にも思わぬ効果を上げたのである。

まず、金曜の朝から地方に出かけ、土曜日の昼まで現地に滞在。きっちり仕事をこなしたあと、帰路に着く。夕方以降に試合が組まれているときは、そのままグラウンドへ。間に合えば何イニングかは出場できる。帰り着いたのが試合後でも、山下が必ずミットを持って待っていてくれた。照明のわずかな光を頼りに、二人でピッチング練習に励む。そして、日曜は朝から草野球三昧だ。

出張帰りの車内では決まって、キャプテンや山下、監督らと、明日の試合運びや作戦についてライングループで意見交換をする。この時間が楽しくてたまらない。電車が地元に近付くにつれて、ワクワク感も増していく。

もっとも、山下のラインは、たいてい意味不明なスタンプと「おまえがいないとつまらない」の一言だけ。それにまたしびれるのだ。

この習慣が身に着くと、一週間にメリハリができる。何しろダラダラする暇がないから、週の前半はルーティン業務をサクサクこなし、中盤にびっしり出張準備を整える。出張の朝、玄関の前に、商談に必要なプレゼン資料を入れるカバンと、野球道具を入れたスポーツバッグを揃える。商談がスムースに運んだときは、不思議なことに、ファルコンズのことは帰りの電車に乗り込むまですっかり忘れている。それだけ仕事に集中しているということだろう。

集中力の向上はピッチングにも表れるのか、フォアボールの数も減り、投手としての能力が如実に伸びていることが、自分でも実感できた。スーツと革靴とスポーツバッグでグラウンドに登場する気恥ずかしさより、仕事と野球を両立しているという充実感のほうがはるかに勝っている。よけいなことには頓着しないのが、山下の言う「無駄を省く」ということでもあるんだろう。これも、『楽しくも勝つ野球』の一つかもしれない。

ピッチャーに教えることじゃない

山下がノボルにエースの座の明け渡しをほのめかすようになったのも、ちょうどこの頃だった。以前は、仕事と草野球、どちらかに重心が傾き、もう片方は宙ぶらりんということもよくあった。

そんなノボルを山下は少々危なっかしいと思っていたようだが、このペース配分を覚えてからは、仕事は仕事、草野球は草野球と切り替えがうまくいくようになり、気持ちに余裕が出てきたのは確かだ。

一方、不注意でケガをして、山下にこっぴどく叱られてからは、体調管理に気を付けるようになり、近頃は食事さえ栄養バランスを考えて摂るようになった。変われば変わるものだ。

「三〇の入口に差し掛かっているんだから、ノボルも立派なオッサンだ。無理するとすぐガタが来るぞ。体調管理は若いときの何倍もしっかりやれよ」

はるか年上の山下に言われるのもナンだが、素直に従って、可能な限り規則正しい生活を心がけ、トレーニングも、身体をいじめる日と休める日を設けて計画的に実践している。

そのささやかな自己改革が山下には分かるのか、それまで小出しにしていた数々のテクニックを、積極的に伝授し始めた。変化球はもちろん、牽制球から打者の心理分析まで、惜しみなく伝えてくれるのである。

そればかりではない。チームづくりのイロハとか、マネジメントのノウハウとか、〈これって、ただのピッチャーに教えることじゃないだろ〉というようなことまで、ちょこちょこ口にする。

最初は聞き流していたノボルも、ついに音を上げて、「いや、俺、そんなこと聞かせてもらう柄じゃないですよ。話すならキャプテンにでも…」とやんわり拒むと、「まあ、いいじゃん、小耳に入れといてよ。いつか何かの役に立つかもしれないからさ」と、例の笑い顔を見せた。

「だってこの頃、ノボルくん、ほんとに草野球を楽しんでるもんねぇ、いいよねぇ」と、いつものホメ殺しが出る。

確かに楽しい。もちろん負け試合もある。が、打たれても必ず得るものがあり、その経験を積み重ねていくことが心底楽しいのだ。

俺にとっての「楽しくも勝つ」ルールだ

そんな心の余裕が顔にも出るのか、会社内でもノボルの評価は上り調子である。内覧会の成功以来、任される仕事量も着実に増え、しかもそれなりに成果を出すので、上長からの期待も高まっている。

もっとも見かけ上は、以前とさほど変わらない。前よりちょっとだけ覇気がある程度だ。もともと前に出る性分ではないし、業績を上げて人より目立つことにもあまり興味がない。ただ、内覧会を境に、自分自身の会社に対する考え方がずいぶん変わったことは自覚している。自社製品を熟知し、その社会的価値を認識し、もっと多くの人に広めたいという欲も出てきた。自社よりずっと規模の大きな取引先の人間と、内覧会の会場で、自分の言葉で対等に話すことで自信もついた。現金なもので、そうなるとルーティン仕事にも張り合いが出る。愛社精神というと大げさだが、この会社で働くことに感謝の念すら芽生えつつあった。

「勝負は綾だ。そこに参加できていることにこそ価値がある」

これも山下に言われた言葉だ。図らずもファルコンズに入り、思いがけずエースというポジションを与えられてから、自分の価値観が一八〇度変わったような気がする。以前のノボルは、うまくいかなければ「ま、いいか」と、とりあえず放置だった。それでいて自分を負け組と決め込んで、勝手にふてくされる。だが、本当はそんなのちっとも面白くないことは、あの頃から分かっていた。そんなノボルにとって、草野球はただの逃げ込み先だったのだ。

しかし、山下に出会って、そのおふざけ半分の意味深長な言葉に翻弄されるうち、草野球の楽しさに魅了され、同時に、仕事の楽しみ方も分かり始めた。もっと会社に貢献したい。そのために実力を磨きたい。ただ、その想いは誰にも知られなくてかまわない。それが、俺にとっての「楽しくも勝つ」ルールだ。

何だか楽しみだね

そんなノボルに、入社七年目にして、初めて後輩ができた。長らく動きのなかった所属部署に、この春ようやく新卒が一人入ってきたのだ。ところがこの新人、かなり手ごわい。第一、言葉が通じない。医療機器を扱う業者なので、専門用語も少なくないが、一般的な営業言葉もろくに使えない。そこで、分からないことがあったら何でも聞けと言うと、今度はやたら聞きたがる。ノボルが呆れて「そんなことも知らないのか」と言うと、「えっ、みんな知ってることなんですか？」と真顔で聞き返す。

この話を山下に愚痴ると、

「言葉が通じない？　そりゃいいな。通じるようになったらバイリンガルか」

とか、

「本当に知らないんだ。そりゃ伸びしろあるねぇー」

とか、いちいち面白がっている。

また、この新人、ノボルの言葉が一度で理解できないときは、一切返事をしない。自分が分からないのに返事はしたくないらしい。そのくせ営業なんだからもっと声を出せと注意したら、ノボルが出張から帰社するといきなり「お勤めご苦労様ですッ」と来た。しかし、山下に言わせると、

「正直だねぇー」「素直だねぇー」

と、ついにいつものホメ癖まで出る始末である。どうやら、ノボルに部下ができたことに興味津々のようなのだ。

「何だか楽しみだねぇ。彼も、ノボルちゃんも」

分かろうとするプロセスも楽しむ

いつだったか、ミーティングのときに山下から、

「九回二アウト満塁でカウントが三―二になったら、何を投げる？」

と聞かれたことがある。少し考えてから、

「やっぱりストレートで勝負かな」

と答えると、山下は、

「あれ？　いいの？　その前に何を投げたか聞かなくて」

と、意地悪そうに聞き返してきた。

ノボルは知らなかったが、これは、かつて浪商の悪童と呼ばれた元中日の牛島投手の有名なエピソードだ。当時の稲尾投手コーチにそう聞かれて、ルーキーの牛島は「自分は分かりません」と答えた。どんな状況でそうなったのか、それまでの経緯が分からなければ、次の球は決められない。また、点差によっても球種は変わってくるというわけだ。

「同じ三―二でも、そうなるまでにはいろんなプロセスがある。それを知っておけば、土壇場

で慌てることないわけよ」

牛島投手は後に振り返って、当時の自分は一五〇キロの速球も、変化球の決め球も持っていなかったから、負け惜しみ半分で聞き返したのだと語ったという。この話は、ノボルの記憶に強く残った。そして、数カ月後に行われた大規模な内覧会で、ノボルのヒアリング能力が花開いたといえる。

ただ話を聞くのではなく、製品が生まれてきたプロセスを徹底的に探る。その背景にある想いまで。知らなきゃ話にならない。納得しなきゃ営業なんてできない。そんなノボルのやや意固地な姿勢が、むしろ話し手の「応えたい」という想いを刺激した。それが高い評価につながったのだ。

山下が言っていることは、たぶんそういうことなんだろう。後輩の言葉が通じないことを嘆くより、分かったあと何が起こるかに期待する。そうなると、分かろうとするそのプロセスも楽しくなるというわけか。

〈そうは言ってもなあ…〉

今日もデスクに突っ伏して昼寝をしている彼を横目で見つつ、ノボルはため息をつく。

週末つぶしてゴルフはやれません

ノボルが新人に手こずっている間に、社内にはちょっとした変化が訪れていた。原因は、新卒組より少し遅れて、営業部に入社してきた社長の甥である。

彼はノボルより一歳年上。大学院を卒業後、大手化学会社の医療部門に三年あまり在籍したあと、アメリカのビジネススクールに二年留学してMBAを取得し、鳴り物入りでやって来た。年長ながら立場上はノボルの後輩にあたるわけだが、将来の社長候補には違いない。上司たちも明らかに一目置いており、そのために会社全体が妙に浮足立っているのだ。

ノボルも薄々感じてはいたが、営業とはいえ、業務上の接点もなく、あくまで無関心を決め込んでいた。

ところが、ある日、ノボルが帰り支度をしていると、甥っ子のほうから近寄ってきたのだ。

「正岡さん、ですよね。仕事できるんですってね」

「えっ、いや、その…」

「聞いてますよ。何年か前の内覧会では、陰の立役者だったそうじゃないですか」

どこで聞きつけたのか、あるいはよけいな噂をごていねいに耳打ちする側近でもいるのか。

「はあ…」

答えが見つからずにまごついていたノボルは、次の言葉に驚いた。

「野球やってるんですってね。クサヤキュウ」

思わず、デスクの上に黒々と長い影をつくる甥っ子を見上げると、何だか意味深な微笑を浮かべている。〈そんなことまで調べてるのか?〉。ノボルはちょっと面食らって、

「はあ、そうですけど…」

「ゴルフはやらないんですか?」

「申し訳ありません。やったことないです」

「なぜです? ゴルフのほうがビジネスには役に立つと思うけど」

「そう、かもしれませんね。ただ、私は野球のほうが性に合っているもので」

「うーん。けどプライベートな時間も有効利用したほうが得策じゃないかなあ。どうです?

ゴルフやりませんか? 少しは教えて差し上げられますよ」

「ありがとうございます。光栄ですが、週末は野球をやりたいので」

「なぜです? 貴重な週末をつぶして草野球なんて」

〈貴重な週末? だから野球をするんじゃないか…〉

ちょっとムカついてノボルは黙り込む。それをいいことに甥っ子は、

「アメリカは野球の本場ですが、草野球は子どもの遊びですよ。MBAの連中ならみんなゴルフですね」

甥っ子の物言いに、ファルコンズの仲間がバカにされたような気がした。そして、次の瞬間、ノボルは自分でも思ってもみないほどキツイ言葉を口にしていた。

「すいません。週末つぶしてゴルフはちょっと、やれません」

これは当社をどうするための講義ですか?

あのやり取り以来、ノボルを見る甥っ子の視線に、若干の敵意のようなものが感じられるのは、気の回しすぎだろうか。さすがに露骨な嫌がらせなどはないが、何となくノボルは居心地が悪い。ただ、仕事はちゃんとこなしているから文句を言われる筋合いはない。新人の扱いにもようやく慣れてきて、こっちはやっと一息ついているところなのだ。

しかし、それから半年近く経って、その甥っ子を講師とするマネジメント講座なるものが開かれることになり、どういうわけかノボルも参加するよう上司から命じられる。気はすすまな

かったが、将来の幹部候補生対象ということで、甥っ子のたっての要望でもあるという。

当日は、営業部を中心に二〇人ほどが会議室に集められた。下町のメーカーらしく、営業部員も外勤のとき以外は、ほとんどがワイシャツの上に揃いのジャンパー姿だ。その中で唯一、細身のスーツを場違いに着こなす甥っ子は、ホワイトボードを背に、颯爽とレクチャーを開始した。さすがアメリカ仕込み、マネジメントの概念から始まり、リーダーシップ論、組織の方向付け、ビジョンの創造、イノベーションの重要性と、どこかで聞いたカタカナ用語を羅列しながら、滔々としゃべる。

が、何一つ頭に入ってこない。熱っぽく語ってはいるが、いったいビジネスの何が言いたいんだろう…。周囲を見回しても、ただボーッと前を向く者、うとうと居眠りする者など、皆似たりよったりの反応だ。第一、肝心な自社製品の名前がまったく出てこないのだから、引っかからないのは当たり前だった。

話が一段落したところで、ノボルは思い切って質問してみた。

「これは、当社をどうするための講義ですか？」

甥っ子は二言、三言、答えたと思う。どうも納得いかないので、再度尋ねてみた。そうなると、ノボルのヒアリング癖は止まらない。ここは誤解しないでほしいが、純粋に持ち前の探求心から来る質問、しかも、核心を突いているとその場の誰もが思える質問がポンポン飛び出し、まさに三―二のフルカウントに追い込まれた甥っ子は、苦し紛れに、これもたぶんアメリカのビジネススクール仕込みのチャートみたいなものを描き出した。

根っこも広がっていなくちゃね

〈あっ、これ、山下さんがよく描くやつだ〉

ノボルはがぜん興味が湧き、身を乗り出した。

山下はそれを『ファルコンズの木』と呼ぶ。チームの問題点、配球の組み立て、スタメンの在り方、果ては来季の展望まで、ことあるごとに山下はツリーで表す。そのどれもが太い幹を持ち、枝葉はどこまでも伸びていく。枝の数だけ可能性がある。しかも山下は、「根っこも広がっていなくっちゃね」とか言いながら、いかにも楽しそうに上へ下へ、右へ左へ、どこまでも解決の、ひいては成功の要素を書き込んでいくのだ。

しかし、目の前の甥っ子のホワイトボードは、何本か枝を伸ばしただけで、程なく成長を止めてしまった。

〈俺と同じだな〉

山下に影響され、ノボルも最近、新人相手にツリーを書いて、仕事の内容などを説明しようと試みるが、なかなか枝葉が続かない。ボードの文字をぼんやり眺めながらそれを思い出し、ふっと自嘲気味に笑みがこぼれた。ノボルは気付かなかったが、どうやらそれを甥っ子に見られたらしいのだ。

社の組織改編が進んでいるという話を耳にしたのは、それからまもなくのことである。何でも、営業の一部が切り離されて工場付になるとか、外資系メーカーに製品ごと吸収されるとか、はたまた他社との業務提携により営業部の廃止、それにともない近々大幅なリストラが行われるとか、有象無象の情報が飛び交う。

発信元はもちろん甥っ子だ。何しろ甥といっても、実質の創業者である兄の息子だから、現社長も強気で言い返せない。町工場から叩き上げてここまでの規模にした自分と違い、本場の経営学を身に着けた直系の存在は、今後の企業戦略を立てる上で頼もしくもあり、甥っ子の影響力はかなり大きいといえる。

そして、改編の引き金の一つに、何とノボルの名が挙がっているというのである。

〈俺が？　まさか。何でまた…〉

でっかいツリーが描けそうだ

会社組織改編の要因をつくった男。脱力系のノボルにはおよそふさわしくないが、そんな呼び名がまもなく、社内でまことしやかにささやかれ出した。あながちそれが嘘ともいえないのだ。改編の第一弾か、それともこの一弾きりなのか、ノボルを取り巻く業務環境だけがガラリと変わる、期中の異例人事、新規プロジェクトの発足が発表されたのである。

ＢＣＰＨ開発室と名前はカッコいいが、何をするのかよく分からない。ＢＣＰとは最近よく聞かれる事業継続計画のことで、それにホスピタリティのHを付けただけ。自然災害やテロ攻撃などの緊急事態に備え、自社の医療機器にかかわる損害を最小限にとどめるため、取引先のディーラーやエンドである病院と協働してカスタマイズを進める、といったようなものらしい。予算はある程度つくものの、要するに、重要だけど緊急性はない、手間はかかるが売上は上がりにくいプロジェクトだということは誰でも分かった。

チームリーダーに抜擢されたのはもちろんノボルである。うまくいけば、先般発表した新製品のバージョンアップや顧客の新規開拓が見込めるということで、当面は既存営業部から完全に引き離され、一定の成果が上がるまで継続するとのことだ。

見る者が見れば、確かに報復人事ととらえられなくもない。しかし、甥っ子の発案に真っ先に賛同したのは、内覧会の一件からノボルを高く買っている社長だという。

ただし、各部署から選抜されたメンバーは、寄せ集めというか吹き溜まりというか、いずれ劣らぬツワモノ（キワモノ？）揃いである。定年間近に次長になった窓際族代表に、定時男の異名を持つ四〇代の万年平社員、そして、健康上の理由で前職を辞め、半年前に転職してきた元システムエンジニア。さらに、例の言語不通の新人というオマケ付きである。あの何でもホメる先輩にさえ「ひでぇ顔ぶれだな」と同情される始末だ。だが、山下なら言うはずだ。

「楽しみだねー。でっかいツリーが描けそうだ」

監督が入院だそうだ

一方、ファルコンズのほうも、ある懸念事項を抱えていた。シーズンを控えた三月の初め頃、ノボルは入部してちょうど六年目に入っていた。山下がいつになく神妙な顔でノボルとキャプテンを手招きし、

「あのな、監督がちょっと、あれなんだ」

「えっ、あれって？」

「あんまりよくなくて、入院だそうだ」

山下の話の意味がさっぱり分からない。監督が入院？　あまりよくないって、病気なのか？　そんなに悪いのか？　キャプテンのほうは、「そうですか…」とうなだれているから、事情を聞かされているのかもしれない。

そういえば、このところ監督の姿を見ていない。いつもは誰よりも早くグラウンドに来て、必ず選手全員に一言ずつ声をかけ、肩を叩いてくれる。そして、ベンチの定位置に座り、最後までニコニコとチームを見守っている。試合でも納会でも、人一倍楽しんでいて、〈この人、本当に草野球が好きなんだな〉と、ノボルは思ったものだ。年明けの集会は欠席だったが、風邪が長引いているのか程度にしか考えていなかった。

山下は連絡事項だけ告げると、用事があるとかで立ち去ってしまった。混乱して問いかけようとするノボルを、キャプテンは一言、「あとで」と制して、いつもの練習メニューに取りかかった。

その日の帰り、ノボルはキャプテンから誘われ、二人でいつもの立石の居酒屋に立ち寄った。まだ日も高く、開店したばかりの店内はガランとしている。隅のカウンター席につき、生ビールを注文してすぐに、キャプテンは言った。

「ノボルには話しておいたほうがいいと思ってね」

とにかく野球が好きな子どもだった

区役所に勤めるキャプテンは、いつもどおりの穏やかな口調で、監督の秘密を語り出した。ノボルの知らないことばかりで、酔いもあってか途中、意識が遠のいたり、キャプテンの口元をぼんやり見つめながら、

〈そうか、役所勤めだからグラウンド取りとかラクなのかな〉

なんて不謹慎なことを考えたりしていた。

監督は子どもの頃から体が弱かったという。八歳のときにネフローゼを発症し、その後は入退院を繰り返していた。キャプテンは昔の写真を見せてもらったことがあるが、ステロイド治療により顔が丸く膨らみ、むくみもあって、ほっそりとしたいまの監督と同一人物とは思えなかったという。

とにかく野球が好きな子どもだった。病気が重篤化する前は、体調がいいと庭に出てキャッ

チボールをしたり、近所の子と公園で遊んでいたが、運動を禁じられてから、もっぱら家の中で野球ゲームをするか、プロ野球名鑑を飽きずに眺めていた。セ・パ両リーグの全選手の名前と成績、出身校まで丸暗記していて、いまでもそらんじるのをキャプテンも聞いたことがある。

「ファルコンズでもたまに打席に立つことがあったんだよ。創部の頃は人も足りなかったしね。でも下手だったなあ。へっぴり腰でね、空振りしたらバットの重みに耐えられなくて、球審の顔面にポカッ」

キャプテンもまたずいぶん失礼なことを言って笑う。

「速い球が来ると目をつぶっちゃうんだよ。けど、たまにそれが当たって、相手もほら、当たると思わないから慌てちゃって、内野安打。喜んでたなあ、監督、人生初だって」

そう言って懐かしそうに笑ってから、ふと表情を曇らせた。

「でも、あれが最後だったたね」

その後しばらくして腎不全となり、いまは週三回、人工透析をしているという。ファルコンズのために土日を空けるから、特に日曜の午後は体がだるそうだとキャプテンは言うが、ノボルはそんなこともまるで知らなかった。健康オタクの山下が、自分の体以上に監督の体を気遣うのは、そういう理由だったのか。

そんなに好きなら球団つくっちゃえば？

キャプテンは、監督と山下との関係についても語り始めた。

病気が進行し、外出がままならなくなっても、監督の野球への情熱は冷めるどころか、ますます強くなり、その分、何一つ野球にかかわることができないジレンマに打ちひしがれる日々が続いた。

そんなとき、ある会合で山下と出会ったのだ。ひょんなことから話題が野球に飛び、それから監督の話が止まらなくなってしまった。何しろ経験は皆無だが知識だけは無尽蔵だ。野球に関するあらゆる文献に精通し、内外の歴史からプロ野球、高校野球と球界の現状まで我を忘れて語るのを、黙って聞いていた山下が、一言、

「そんなに好きなら球団つくっちゃえば？」

「えっ？　つくれるんですか!?」

「つくれるよ。草野球なら」

ある事情でしばらく野球から遠のいていた山下も、あのとき何でそんな言葉を口にしたのか

自分でも分からないと、後にキャプテンに話したそうだ。

「監督の野球愛に負けたんだよね」と。

その後、話はとんとん拍子に進み、ノボルが想像したとおり、登録手続きなどの関係で、山下と以前から知り合いだったキャプテンは声をかけられ、自分も高校まで野球部に所属していたこともあって、立ち上げからファルコンズに参加して、現在に至っている。

キャプテンはやはり、このところ監督の体調が思わしくないことを、山下から聞いていたらしい。以前から併発していた心臓疾患も悪化し、予断を許さない状況だという。

監督は両親と、妹家族との二世帯暮らし。自宅で営んでいた学習塾も一昨年閉じて、療養生活に入り、平日は自宅と透析センターを往復するだけの毎日。週末のファルコンズだけが楽しみだった。しかしこれからは、監督は再びグラウンドの土を踏めるんだろうか。

「戻って来ると思うよ。ファルコンズは、監督にとってはわが子みたいに大事なものだから」

そう言ってから、キャプテンはちょっとうつむいて言った。

「俺にとってもね」

昔の山下さんとよく似ていた

それからしばらくの間、二人でたわいもない話に興じた。といっても、話題はファルコンズのことばかりである。メンバーにまつわるバカ話から、山下のホメ殺しっぷり、新人の面白エピソードなどなど、重い話を避けるように、ひたすらしゃべった。

山下の考えと同じく、キャプテンも、草野球は野球の中でも特別だと言う。だから、若手の入部は心底歓迎したい。

「けど、入ってもなかなか続けられないんだよね」

草野球は安定した生活があってこそ続けられると山下は言う。しかし、二〇代から三〇代にかけては、その取り巻く環境もめまぐるしく変わる。それに、丸ちゃんの例にもあるように、若いうちは安定した生活を得るための経済基盤が、盤石とは言い難い。設立当初に在籍していた学生の主力メンバーも、就職先が遠方だったり、仕事との両立ができずに全員辞めてしまったという。

そう考えると、社会人になってまだ日の浅いノボルが、ファルコンズに入部し、しかも、曲がりなりにもエースと呼ばれるまでに成長できたのは奇跡に近い。あのとき草野球と出合っていなかったら、会社を辞めていたかもしれないんだから。

「監督が言ってたんだよね。ノボル、昔の山下さんとよく似ていたんだって」

ファルコンズが大好きなだけに、生半可な気持ちでかかわってほしくないと、監督はそれまで自分から誰かをチームに誘うことなど一切なかったという。なのに、なぜノボルにだけ声をかけたのか。キャプテンが尋ねたとき、監督はそう答えたのだそうだ。

〈似ていた？　昔の山下さんに？〉

高校野球の監督をやってたんだよ

日はとっくに落ちて、気付けば居酒屋の店内は、週末の酔客でほぼ満席になっていた。ずいぶん長居をしているが、チームもよく利用している馴染みの店だから、文句を言われることもない。

そういえば、キャプテンはさっき、おかしなことを言っていた。山下がしばらく野球から遠のいていた？　あの山下が、絶対的草野球王者、楽しくも勝つファルコンズ体現者の山下が？

キャプテンからその理由を聞いたとき、あまりの衝撃に、ノボルは椅子から転げ落ちそうになった。

「山下さんね、昔、高校野球の監督をやってたんだよ。社会人のときはプロの球団からもオファーがあったらしいんだけどね」

山下が監督を務めていた野球部は、全国に名の知れた高校野球の名門で、甲子園にも何度も出場している。大卒後、社会人野球に進んで都市対抗野球などで活躍していた山下は、三〇代に入ってまもなく、恩義のある人に頼まれ、その高校に赴任した。公立高校はもちろん私立校でも、野球部の監督は教員として雇用されるケースが多いものだが、山下の場合は専任である。

あの実力だから、やはり山下はプロ球団から声をかけられたこともあったらしい。だが、野球だけを飯のタネにすることに、どうしても抵抗があった。いまの山下のポリシーそのままだ。

ところが、高校野球の監督として、図らずもその立場に置かれることになってしまった。朝から晩まで野球、野球、野球の毎日。高校のグラウンド脇に設けられた自宅兼合宿所から出勤し、朝練を終えて教室に出向く彼らを見送り、終了のベルが鳴るのを待ち受ける。勝たなければならない。この子たちを勝たせなければ、自分がここにいる意味がない。

結果として、山下は選手たちの心の声を聞けず、彼らの痛みや苦しみから目を背け続け、彼らをギリギリまで追い詰めた。大会直前に、入学時から山下が育てた三年生選手の何人かが起こした不祥事により、チームは出場停止。部活も一時活動休止を言い渡され、山下は責任をとって辞任。高校野球からも、社会人野球からも、一切の野球の表舞台から姿を消すことになったのである。

それからしばらくして、山下と監督は出会った。野球をしたいけどできない。でも野球のそばにいたい。監督のどこまでもひたむきな野球愛が、野球と離れて何もかも失ったと思っていた山下の心を温かく潤した。この人の気持ちを満たしてあげたい。この人を支えたい。純粋にそう思った。いままで自分がやってきた野球とはまったく違う形で。

僕が知っているのはいまの最強の山さんだけ

一カ月ほどして、監督が退院したことを聞いた。ただし、病状がやや安定したため自宅療養に切り替えただけで、全快とは程遠いという。チームのメンバーも遠慮して、大勢で押しかけるのはもちろん、単独での見舞いも自主的に控え、報告がてら訪問するのは山下とキャプテンに限られていた。ノボルも、入院してからまだ一度も監督の顔を見ていない。

その日は、外出先の打ち合わせが終わったあと、社に戻る用もないので直帰することにした。

同行の後輩はすぐさま予定を埋め、「お先に失礼します！」と嬉々として立ち去る。昼間は少し汗ばむような初夏の陽気も、日が暮れかかると風は涼やかだ。ふと、ノボルは監督に無性に会いたくなり、見舞いに行くことにした。葛飾区の地元までは三〇分ほどで着く。

自宅で出迎えてくれた監督は存外元気そうで、ひとまずノボルはホッとした。前日も山下が来て、週末の練習試合の顛末を面白おかしく話していったそうで、監督もうれしそうにそれを再現して見せる。ひとしきりしゃべって、笑ったあとで、監督が呟いた。

「あのときも、このくらいの時間だったね。いや、まだ肌寒い時期だったから、もう少し早かったかな」

外はすっかり夕闇に包まれ、二階の監督の部屋の窓から、咲き残った庭のコブシの木の花だけが、白く浮き立って見える。中学校のグラウンド脇で、初めて監督に声をかけられたのは、シーズン前の、春まだ浅い頃だった。ノボルはおずおずと聞いてみた。

「俺、山下さんに似てたんですか？」

監督はちょっと首を傾げてから、急に顔をほころばせて、

「ああ、キャプテンに聞いたの？　それね、山さんが自分で言ったんだよ。キミが入部してきた頃。ノボルは昔の俺に似てるって」

「へっ？」

監督はただ笑っている。

「だって僕は、昔のうらぶれてる山さんなんて、知らないもの。僕が知っているのは、いまの最強の山さんだけ。草野球の神様の」

山さんを見ていればいい

それから、話題は何となくノボルの会社のことになった。さっきの話でちょっと拍子抜けしたノボルは、気が付くと監督相手に、いま抱えている営業チームの手ごわい陣営についてペラペラしゃべっていた。一筋縄ではいかないクセのあるキャラばかりで、チームワークなどあったものではない。プロジェクトも一向に進まず、このところノボルはやや落ち込み気味である。

しかし、熱心に愚痴を聞いてくれた監督もまた、

「面白そうじゃない」

と、山下が口にしそうなことを言う。

「どうすりゃいいんでしょうね」

ため息をつくノボルに、監督は意外なことを言った。

「山さんを見ていればいいんじゃないかな」

練習のとき、試合のとき、あるいは納会の宴席もそうだ。山下がどんな行動をとっているか。ファルコンズのメンバーのどんなところを見て、どんな言葉をかけているか。草野球をどんなふうに楽しんでいるか。よく見ていればいい。

「僕は会社勤めをしたことがないから、よく分からないけど、そんな気がする」

それから、監督は何かを思い付いて、「あ、そういうことか」と一人合点した。

「僕が君に声をかけたのはね、君がファルコンズに入ったら、きっと山さんが喜ぶと思ったからなんだ」

フェンスにしがみ付いて中坊に野次を飛ばすノボルを見て、なぜだかそう思ったのだという。

「すごいよね。われながらグッジョブだ。山さんにホメてもらいたいくらいだな」

監督は何とも得意気だ。

「山さんはね、僕の恩人なの。それまでの僕はただ野球が好きだっただけ。山さんは僕に野球の楽しみ方を教えてくれたんだ。つまり、人生の楽しみ方をね」

記録に頼るなよ、体で覚えろ

監督からアドバイスを受けて以来、ノボルは山下のことをさらに注意深く観察するようになった。もともと気になる存在だから、これまでも見るとはなしに見ていたが、最近は山下の一挙手一投足を注視し、分析を試みている。

本人にあまり自覚はないが、草野球がノボルの意識改革に少なからぬ影響を与えているのは確かだ。その核となっているのが山下である。ただ、山下の表向きの熱血指導はあくまでも野球に限られていて、積極的にノボルの人間性を育てているというわけではない。

第一、山下の指南は論理的とは程遠く、端的で、率直で、かなり感覚的で、それこそ意味不明なところがある。例の『ファルコンズの木』にしても、なぐり書きみたいなもので、言葉で覚えられるものでもない。ただ、なぜか、あとでじわじわと効いてくる。

というのも、山下が発する言葉が、すべてその行動に裏付けられているからだ。新人と一緒にせっせと道具を運び、グラウンド整備を買って出る。チームメイトのケガや不調にはいち早く気付き、適切な処置と助言をする。キャプテンを立て、メンバーに敬意を表し、相手チームにエールを送り、仲間を信じて球を投げる。下ネタの相手は慎重に選び、ホメ殺しのポイントも実に的確だから、ホメられても茶化されても、誰も悪い気がしない。

何より、人を『その気にさせる』能力にかけては天才的だ。年齢や技能に関係なく、各自の草野球マインドを引き出し、それを巧みにプレーにマッチングさせ、そして、メンバーの成長と進化を本人以上に喜ぶ。ゲームに勝てば、それを全員でシェアする。まさに、監督の掲げた『楽しくも勝つ』ファルコンズそのものだ。

そういえば先日、ノボルは、あれほど大切にしていた手書きのピッチングノートを手放した。入部して一年足らずの後輩があんまり見たがるので、譲ってしまったのだ。考えてみると、あのノートは、草野球を前向きに楽しむために、ノボルが必死で編み出したツールでしかなかったのかもしれない。いわば苦肉の策だ。そのせいか、山下はあまりいい顔をしなかったが、おかげで初めの一歩を踏み出すことができた。

「記録に頼るなよ、体で覚えろ」

ノートを後輩に手渡すときに付け加えたセリフも、何のことはない、山下の受け売りである。

営業は人間同士のつながりなんだな

監督が推察したとおり、山下の言動を観察するうちに、これは仕事でも使えるんじゃないかと思える点がいくつか見えてきた。まず、『自分から行動すること』だ。

ノボルはこれまで、どちらかというと受け身型の人間だった。与えられたことはこなすが、自らすすんで何かをやるということがほとんどない。特に新しいことは苦手だ。それでも十分に仕事が楽しいと思えたし、身に沁みついたルーティンワークをわざわざ刷新する気にはなれなかった。

しかし、今回のプロジェクトはすべてが一からのスタートだ。指示待ち姿勢では何も始まらない。とりあえずノボルは、いまあるルーティンの営業ルートを活用することにした。手書きに毛が生えたようなBCPH開発室のパンフレットをつくり、得意先を一件ずつ回る。昨今のノボル人気は大したもので、どの会社も一応は熱心に話を聞いてくれる。ただ、情けないことに本人が業務の内容をよく理解していないのだから、いま一つ要領を得ない。お互いに首を傾げて「うーん」と思案顔だ。

それでも、一緒に真剣に考えてくれる担当者や、こんな仕事を押し付けられてと同情してくれる人、中には、社の理不尽な扱いに怒り出す社長もいたりする。

〈営業は人間同士のつながりなんだな〉と、ノボルはあらためて実感するのだった。

こんな機会をもらえてありがたいよ

このノボルの行動に、真っ先に反応したのが定年間近の次長である。実直を絵に描いたような寡黙な次長は、少しの間、ノボルが奮闘する様子を見ていたが、ある日、ノボルのデスクに数枚つづりのリストを置いた。

「星印のところに同行してもらえますか？」

見ると首都圏の医療施設がビッシリと書き込まれている。小規模クリニックから有床診療所、高度医療センター、老健施設、難病指定病院とジャンルは多岐にわたる。

「す、すごいじゃないですか！　さすがですね」

ノボルが感心すると、次長は照れくさそうに、

「営業から遠ざかってずいぶん経つんだが、駆け出しの頃から細々と付き合いが続いていると

ころもあるから…」

同行してみて驚いた。もちろん代替わりしたところも多いが、どの施設のトップも快く次長とノボルを迎え、真剣に話を聞いてくれた。ある会社の取締役は、自分が新米の頃に、どれほど次長に世話になったかを語り、当人を大いに照れさせた。

「この人はどんなときも自分の味方でいてくれた。一肌脱ぐのは当たり前ですよ」

何でも相談してほしいと、現場の抱える問題点や裏事情を詳しく説明してくれる人もいて、次長の人柄が育んだ厚い信頼関係にノボルは舌を巻いた。

「何ができるか分からないが、自分がこの会社で培ってきたことを全部つぎ込んで、できる限りのことをやらせてもらうよ。最後にこんな機会をもらえてありがたいよ」

大丈夫、楽しみましょう

開発室の発足から三カ月あまり経ち、ノボルの呼びかけで、BCPH開発室初の飲み会が開かれた。そこでノボルは、このプロジェクトのビジョンを（非常にざっくりとしたものだが）明らかにした。着地点はまだ見えない。結果がどうなるかはまったくの未知数だ。だが、このプロジェクトは必ず医療の現場でなくてはならないものになる。絶対に社会の役に立つ。そう確信している。だから一緒に頑張ろう。『楽しくも勝つ』プロジェクトを目指して。と、新人が感極まったように、声を上げた。

「おおーっ、カッコいいっすね、先輩！　まるでカントクみたいです！」

「カントク？」

「そうですよ。ドラマで見たことあります。楽しくも勝つチームを目指すッ。あ、そうか、センパイ、野球やってますもんね。草野球」

一人で納得する新人の隣で、次長もまた妙に感心して呟く。

「まー、チームリーダーだから監督といえるかもしれん。てことはＢＣＰＨのＢはベースボールか…」

この二人、年の差は最大だが案外いいコンビになるかもしれない。

このやり取りを聞いて、プッと吹き出したのが、端っこでウーロンハイをチビチビ飲んでいた転職組の元システムエンジニア（ＳＥ）だ。ノボルは彼の顔を真正面に見て、

「笑ってる場合じゃないですよ。これからバリバリ働いてもらいますからね」

と念を押した。

「いや、僕はまだリハビリ中だから…」

このときまでにノボルは彼のことをかなり詳しく調べ上げていた。彼はもともと精密機器メーカーの優秀なSEだったらしい。激務により体を壊し、一年間の療養の末、かつての上司のツテで、取引先である当社に入ってきた。とはいえ、有能なSEに見合う部署など当社にはなく、営業管理部で半年ほど受発注の入力作業をしたあと、この正体不明の開発室に配属されてきたのである。

ノボルは力説する。このプロジェクトは近い将来、誰も手がけていないような防災システムに取り組むことになる。そのために、いまから周到な準備が必要だが、医療系の製品も手がけたというSE氏の存在は本当に心強い。どうか力を貸してほしい。

「大丈夫、自分ができることをすればいいんだから。楽しみましょう」

できることがいっぱいありそうだ

話が一段落した頃、そわそわし出したのは、例の定時男である。開発室に来てからも、彼はきっちり五時半には退社するスタイルを崩していない。もっとも、まだ大した業務も発生していないのだから、定時帰りは当然だが。

「自分はそろそろこれで」と立ち上がりかけた彼を呼び止めて、ノボルは言った。

「少し僕たちとも情報を共有しましょうよ」

ノボルは、彼のことも観察を怠らなかった。定時に帰るのは、家庭に事情があるからだ。聞けば、足かけ一〇年にもおよぶ介護と、遅くなって授かった子どもの育児により、生活の中心はすっかり仕事から家庭へとシフトしたとのこと。しかし、在社時間の彼の仕事ぶりをノボルは知っている。外勤こそ少ないが、業務管理やデータ収集、情報整理のしかたなど、迅速でまったく無駄がない。ノボルが二日がかりでつくったスキだらけのプレゼン資料の素案を、翌日には完璧なまでに仕上げてくる。

「この程度なら自宅でできますから」

という具合だ。

実は、定時男は当社に転職して介護優先の生活に切り替えるまでは、外資系のリサーチ会社でマーケティング専門のコンサルタントをしていたらしい。いまの甥っ子の守備範囲だ。本当は会社の将来設計を委ねるつもりで採用したのだと、ずいぶん前に社長がぼやくのを、ノボルは聞いた覚えがある。出世などとっくに眼中にない。自分はいまのこの生活に満足している。そう語る定時マンに、ノボルは言った。

「あなたのマーケティング能力は、このチームの最大の武器になりますよ。家でもやれる仕事をつくればいい。この際、うちの社の在宅業務のシステムも拡充させましょうよ」

「いいっすねー、このチーム、最高ですねー」

と、素直に喜ぶ新人の言葉に、思わずノボルはうなずいた。

「そうだよな。このチームはリストラ予備軍だなんて揶揄する人間がいるのは知っているでしょう。でも、僕はこのメンバーのそれぞれの能力が結び付けば、最強の打線がつくれると思います」

「お、やっぱり監督ですな」

次長がうれしそうに茶々を入れた。

「いいっすねー、カントクッ、やりましょぉー」

ひたすら感激する新人の音頭で、五人は再度乾杯をした。新人は今後、次長とコンビで動いてもらおう。このルーキー、ときどき言葉が通じないけれど、素直で、正直で、のびしろもある。それに、プロジェクトが立ち上がってから何度も自分と同行したが、何かプランがあるみたいだ。

〈確かにこのメンバーなら、できることもいっぱいありそうだ。山さんが教えてくれたこと、このチームでも実践できるかもしれない〉

放っておいたら草野球が嫌いになる

ファルコンズの絶対的エース、丸ちゃんが辞めたときの真相を、ノボルは先日の見舞いのときに監督から聞かされた。山下はずっと前から丸ちゃんのその日暮らしのバイト生活のことを知っていて、このままではダメだ、草野球だってできなくなると、何度も説得を試みたという。それでも、丸ちゃんは聞く耳を持たなかった。

「本人の自由だからしかたがないと、僕は言ったんだけど、山さんはあきらめきれなかったらしくてね。『放っておいたら、丸ちゃんが草野球を嫌いになってしまう』って」

そして、あの事件が起きた。山下は、以前から丸ちゃんのご両親と連絡を取り合って相談を重ね、帰郷するときは丸ちゃんに付き添って家族や友人と会い、就職の予定先も訪問したのだそうだ。おそらくどこでも例のホメ殺しテクを駆使して、丸ちゃんを全面支援したのだろう。いまも定期的に丸ちゃんの実家を訪れては、互いの消息を確かめ合っているらしい。

「山さんは、誰よりも丸ちゃんのことを気にかけていたんだよ。まあ、丸ちゃんに限らずだけどね」

ノボルはそんな事情をまったく知らなかった。山下はよけいなことを一切話さないからだ。ファルコンズのことだけを考えれば、チームに残ってもらう手立てを真っ先に考えるだろう。しかし、愛情深いまなざしで、ずっと丸ちゃんを見守ってきた結果、最も彼にふさわしい道を探り当てた。山下の想いを知ったからこそ、丸ちゃんもその提案に応えたのである。

丸ちゃんは歯科技工士の仕事にもようやく慣れ、高校の野球部仲間に誘われて、近く地元のチームに入部するそうだ。

「丸ちゃんが草野球を再開するって、山さん、本当に喜んでた。山さんにとって、ファルコンズのメンバーは、たとえ辞めても一生仲間なんだよね」

黙って自ら行動する。とことん見守り、適材適所に配置する。山下の行動哲学は、ノボルの仕事上の哲学として、着実に実を結びつつある。

「確かに丸ちゃんが抜けたのはファルコンズには手痛かった。けど、山さんがそう判断したとおり、たぶんそれが丸ちゃんにとって一番いい選択だったんだと思う。そうそう、辞める前に、丸ちゃん、僕に言ったんだよ。自分なんかよりノボル君のほうが、ずっとファルコンズのエースらしいって。まだ何回も投げてなかったのにね」

野球は失敗を補い合うスポーツだ

ＢＣＰＨ開発室は、発足の経緯こそ不透明なものの、何とか始動し始めた。懇親会をきっかけに、チームは明らかに結束を強め、互いの信頼も日ごとに深まっているような気がする。

山下がよく言う「野球に失敗はつきものだ。失敗を補い合うスポーツなんだ」という言葉は、そのまま、いまの仕事に結び付く。誰かが塁を離れたら、誰かがカバーに入る。誰かが球を捕り逃がしたら、それを誰かが拾う。空振りもファウルも、相手投手の手の内を仲間に教えるメッセージと思えばいい。そして皆、塁に出た選手を次の塁に進めるために打席に入るのだ。

開発室でいち早く出塁したのは、意外にも言葉知らずのルーキーだった。次長の助けを盛大に借りながら、彼が初めてつくった企画書は、チーム全員を唸らせる画期的なものだった。

ルーキーには、大好きだった叔父を難病で亡くすという過去があった。病名はＡＬＳ（筋萎縮性側索硬化症）である。ルーキーが中学生になる頃には車椅子生活を送っていたが、常に明るくポジティブで聡明な彼を、祖父母や姉であるルーキーの母親が、献身的に看護していた。

ルーキーもこの物知りな叔父のもとによく通い、勉強を教えてもらったりした。「もっと長生きしてくれたら、自分ももうちょっと賢くなったんでしょうけど」。ぼんくらでかわいい甥の大学進学を自分のことのように喜んでいた矢先の訃報だった。震災後まもなくのことで、人工呼吸器の不具合が原因とされ、聞けば全国に同じような例があるという。

開発室ができて、ノボルとともに得意先を回るうちに、ルーキーの頭の中でふと、このプロジェクトと叔父さんの病気が結び付いた。神経難病の患者数は約一〇万人。ほかの疾患でも在宅で人工呼吸器を使っている人は多い。

もし、災害時にこうした機器に異変が生じたら。ルーキーは貧しい語彙を駆使して、次長相手にその心情を訴えたという。

まず、自分たちが楽しまなくちゃ

チーム一同は、このプランに大感動した。何よりルーキーの、人を思う心に打たれたのである。神経難病の患者数は決して多くはない。ただ、在宅医療の分野は、現在のひっ迫した医療事情から、今後ますます拡大するだろう。災害時に限らず、こうした自宅介護・看護の家庭が孤立しないようなシステムの構築は、患者はもちろんその家族も救うことになる。

ノボルは早速ルーキーのプランを採用し、細部の整備にとりかかった。次長が絞り込んだ営業先を再度分析し、戦略を考え、定時男の入手した膨大なマーケティングデータを基に、説得力のある資料をつくり上げ、ＳＥ氏と何度も『ファルコンズの木』を練り直す。五人が互いにないものを補い合い、持てる能力をふんだんに発揮する環境が、整いつつあった。成果が出るのはまだ遠い先だが、いまがこんなに楽しいなら、報われなくても構わないと思うくらいだ。

「まず、自分たちが楽しまなくちゃね」

山下が言うように、自分たちが楽しまなければ、顧客を喜ばせるものはつくれるはずがない。そして、顧客を喜ばせることこそ、ビジネスの最終目標といえる。

そして数カ月後、このプロジェクトは、確かに顧客を喜ばせるものとして具体化の道を開くことになる。次長の営業先に紹介された都内の在宅医療センターから、区との協働事業として在宅医療・介護の相互情報システムの計画を持ちかけられ、そのビジネスモデルの構築に協力してほしいという要請があったのだ。

いよいよＢＣＰＨ開発室は、実働に向けてスタートを切った。

大人になったらファルコンズでプレーしたい

開発室の業務がにわかに活気付いてきたことを一番喜んでいるのは、実は山下かもしれない。週末のたびに、「どうなった？」「どうなった？」とせっつかれるのだが、山下はその顚末が面白くて仕方がないようだ。ノボルのほうも乗せられて、つい話してしまう。もっとも、会社でもファルコンズ流、すなわち山下流を試行中なんてことは言えるわけがないが。

そのファルコンズはシーズンに突入し、順調に勝ち星を上げている。ただ、監督の体調は思わしくないらしく、試合にも顔を見せていない。ゲームの采配は、山下とキャプテンが共同で行い、いまのところ問題ないが、やはりチームの要の監督の不在は、ファルコンズ全体の士気に影響を与えていた。

特に、若手の選手の多くは、監督が手がけたホームページを見て入ってきた連中なので、『楽しくも勝つ野球』を掲げた当事者がいないことが心もとないようだ。鉄壁のツートップが揃ってこそのファルコンズ。うたい文句を体現する山下も、相方が不在では、彼らにはただのオッサンにしか見えないらしい。

中でも手厳しいのが、ショウタという新人だ。若干二三歳。この春大学を卒業したばかりである。学生時代に、すでに税理士の資格を取得。都内有数の公認会計事務所に就職を果たしたあと、念願のファルコンズに入ってきた。草野球は生活の安定が大事。山下や監督の教えをきっちりと守っての入部だ。それもそのはず、ショウタは監督の本物の教え子なのだ。

ファルコンズには創部時から一風変わったファンが付いている。毎年公式戦になると中高生の男女の場違いな応援団がネット裏に陣取り、周囲の関心をそそる。彼らは監督の学習塾のかつての塾生たちである、監督に勉強を教わりながら、その野球愛に触れた彼らは、それぞれ何らかの形で野球にかかわってきたようだ。その代表といえるのがショウタである。

〈いつかファルコンズに入ってプレーしたい〉

ショウタはそんな誰よりも熱い思いをもって、ファルコンズに入部してきたわけだ。

頑張ってエースに育ててくれ

ショウタは監督の塾の一期生である。一〇年あまり前、当時小学生だったショウタは、勉強とともに、野球の素晴らしさをとことん教え込まれた。監督がファルコンズを結成してからは、そこに入部するのがショウタの夢の一つになった。

実際、ショウタの投げる球は速い。また、コントロールもいい。ピッチャー志望で入部してきた若手が、次々に辞めていったのも、ショウタの存在があったからかもしれない。彼の投球を見れば、自分の出番はないと即座に思い知ったはずだ。

ショウタはその実力を一〇年にわたって温存してきた。というより、封印してきたのである。監督の指導のおかげで、めでたく中高一貫の進学校に入学。幸か不幸かスポーツにはあまり熱心ではない受験校だったため、弱小野球部で六年間、サークル並みの緩い野球生活を送った。大学では伝統ある野球同好会に所属。持ち前の身体能力を活かし、投手、内野手を兼任して活躍したらしい。

ファルコンズが創部され、その成績がぐんぐん上がっていくのを見聞きし、ますます監督率いるチームへの憧れが募った。

就活が始まって部活を引退した後も、週三回は欠かさずバッティングセンターに通い、週末は出身校の野球部で、後輩たちを相手に投球練習に励んだという。

そんなショウタを見て、当然のことながら、「次のエースはこいつだ」とノボルは太鼓判を押し、キャプテンもそれに同意した。ところが山下は、

「うーん、まあ、そうだろうけど、まだちょっとねぇー」

と、煮え切らない返事だ。そういえば、以前監督を見舞ったときも、ショウタの話が出て、

「楽しみですね」と言ったら、

「うん、まあね。でも、まだまだだけどね」

と、同じようにお茶を濁していた。自分がつくったチームに、自分の教え子が入ってエースになるのだ。監督としてはうれしくないはずがないのに。

そして、奇しくも二人は同じことを言ったのだ。

「キミがいいと思うならいい。頑張ってエースに育ててやってよ」

監督は真顔で。そして、山下はニヤニヤといかにも面白そうに。

正岡シキでやればいい

リーグ戦を勝ち抜き、決勝トーナメントも中盤に差しかかって、いよいよ優勝戦へとチームの緊張が高まる頃のことだった。

監督の容態がいよいよ深刻だという一報が入り、チーム内を不穏な空気が取り巻いた。山下もキャプテンも、努めて平静を装うが、もうどうにも抑えようがない。その上、これは監督か

らの指名だと、山下を通して、次期監督が発表されたのだ。

それがなんと、ノボルである。にわかに騒然とした。それはそうだろう。キャプテンもいる。あるいは、山下が監督になっても誰も文句は言わないはずだ。なのに、なぜノボルなのか？ メンバーの中からも口々に疑問の声が上がった。当のノボルもその声に加わりたいくらいだった。

〈おいおい、何で俺だよ〉

真っ先に不満を漏らしたのは、やはりショウタだった。なぜいまなのか。なぜキャプテンでも山下でもないのか。それは本当に、監督の本意なのか。第一、シーズン途中でこんな人事はおかしい。再度冷静になって、現監督の真意を問いたい。

確かにそうだ。まだシーズンは終わっていない。それどころか、強敵としのぎを削る厳しい戦いがここから続くのだ。ひとまず現体制で乗り切り、オフに入ってからまた考えよう。センキューさんはじめベテラン勢の進言により、何とかその場は切り抜けた。

帰りがけ、キャプテンがノボルに声をかけた。

「俺は、ノボルがなればいいと思ってるよ。それが監督の望みなんだし」

「えっ、でも…」

「ノボルが監督になったら、俺は全面的にバックアップするよ。たぶんみんなそうだ。少なくともベテラン組は。ね、山さん」

キャプテンにつられて振り返ると、山下が例の満面の笑みを浮かべて後ろからついてくる。

「そうだよぉ、正岡ノボル君。大丈夫、心配ない。君のやり方でやればいい。正岡君式でやれば。そうだ、ハハハ、正岡シキだ」

3 挑戦

草野球マインドを活かせ！
リストラ候補組が挑む革新のプロジェクト

そうだよ、こうでなくっちゃ

打ち上がった球のゆくえを確かめようと、ノボルは目を細めた。三塁側のスタンドが、にわかに活気付く。

今季初の練習試合は、ファルコンズの一方的な勝利に終わるかに思われた。しかし、終盤に来て相手チームも意地を見せ、一死満塁の場面で送り込まれた代打は、マウンド上のショウタが投げたやや甘めの内角球に食らいついた。

思わずベンチから立ち上がり、ゲキを飛ばしてから、ノボルは呟いた。

〈そうだよ、こうでなくっちゃ〉

河川敷のグラウンドは、さっきまで春らしい乾いた空気の中にあったが、気まぐれに吹いた一瞬の風のせいで、予想外に打球は距離を延ばし、チーム一鈍足のライトの頭をわずかに越え、相手チームに二点を献上した。

でも、まだ点差はある。むしろここからがファルコンズの真骨頂だ。投手戦より点の取り合いになる打撃戦のほうが、わがチームは燃えるのだ。特に最近のファルコンズは。

「おうおう！　いいねぇー、燃えるねぇー。ここから本番、締まっていこう!!」

ノボルの気持ちを代弁するように、少し離れて立っていた山下が、小躍りしながら怒鳴る。相変わらず元気なオッサンだ。

〈今年も始まったんだな〉

『草茂み　ベースボールの　道白し』

正岡子規の句である。明治期に伝わった野球というスポーツを、生涯こよなく愛した、ノボルと同じ苗字の偉大な俳人。病床からグラウンドの景色に恋い焦がれて彼が詠んだ句を、ノボルは敬愛する前監督の想いに重ね合わせ、思わず空を仰ぐ。

〈監督、見ているかな〉

これまで、シーズンを迎えるといつも味わってきた、ただワクワクするような高揚感。いまはそれに浸り切れずに、つい別のことを考えてしまうのは、ノボルにとっての野球の価値が、またちょっと深まってきたからだろうか。監督になって二度目の春。自分は本当に監督の器なのか。その想いが完全に消え去ったわけではない。『正岡シキ（式）』の野球の確立までは、まだまだ遠い道のりだ。

理由は分からない

昨年、葛飾ファルコンズは、春も秋も決勝トーナメント初戦敗退という成績に終わった。創部以来、最低の成績である。あまり言い訳にしたくないが、やはり監督の交代劇が少なからず影響しているのは確かである。前監督の容体悪化によりノボルが推挙されるという思いも寄らない展開に、本人は何の自覚も持てないまま、成り行きで新監督の座に就くことになった。まさに青天のヘキレキというやつで、オフシーズンも練習に身が入らなかった。そして、チーム内の動揺は予想外に長引き、次のシーズンに入っても、ちぐはぐなゲーム展開が目立ち、チームの士気もいま一つ上がらず、月日だけが過ぎていったのだ。

それはそうだろう。いくらキャプテンや山下のフォローがあるとはいえ、にわかエース上がりのノボルにうまい采配などできるはずがない。ファルコンズの目指す『楽しくも勝つ野球』など、一時はどこかへぶっ飛んでしまった。

もちろん話し合いも随時行われた。ノボルは努めて平静を装い、唯一の特技といえるヒアリングスキルを駆使しようと、必死にメンバーの意見を聞いて回った。しかし、どうにもチームをまとめることができない。というより、何が状況を悪化させているのか、ノボル自身が理解できていないから、まとめようがないのだ。一向に意気の上がらないチームの雰囲気に嫌気がさして、練習に来なくなる者もいた。

「理由は…分からねえな」

存続の危機とも呼べる事態なのに、山下は冷たいものである。実際、試合運びについては、時折助言はあるものの、いざチーム編成やファルコンズの今後についてノボルが相談しようとすると、山下もキャプテンも、のらりくらりで頼りにならず、完全に高みの見物なのである。

「キミならできる!」なんて、あのときは二人とも言ってたじゃないか。

監督の器って、何なの?

「何で俺なんですか。俺、やっぱり監督なんて器じゃないですよ」

シーズンオフに入って早々、反省会と称して有志が集まった居酒屋で、ノボルは誰にともなく呟いた。話し出したらキリがないので、これまで胸にしまっておいたのだが、それが正直な気持ちである。キャプテンはちょっと困った顔をして黙っている。と、それまで機嫌よく飲ん

でいた山下が、嘆息交じりに大きな声で、

「器ねえ」

みんなが振り向く。

「監督の器って、何なの？　どんなウツワ？　何が入るの？　大きいの？　小さいの？」

矢継ぎ早のとぼけた問いに面食らっていると、

「監督の器なんてないでしょ。そんなウツワ、僕見たことないもん」

大ジョッキのビールを一気に飲み干し、トロンとした目で言う。

「あるのはノボルの器だけッ。何を入れるかはお楽しみ」

空になったビールジョッキに愛しそうに頬ずりしてから、

「だってノボル、仕事でもいっぱい入れてるじゃない。あ、おねえさん、僕のウツワ、空になっちゃった。おかわり～」

それから、話はみごとに横道にそれて行き、いつもどおりの陽気な飲み会と化してしまった。

キャプテンは山下相手にしみじみと語り出す。

「そういえば、先代の器はデカかったっすね～」

「うん。いっぱい入ってた。草野球への愛がいーっぱい！」

酔っ払い二人の意味不明な会話を聞きながら、ノボルは自分が何を悩んでいたのか、あらためて考えてみた。

〈俺の器か…〉

山下に求められるまま逐一報告させられているが、確かに仕事のほうはいまのところ順調に推移している。いまや専務となっている甥っ子の画策により、ノボルは図らずもBCPH開発室なる怪しい新プロジェクトを率いることになった。

しかし、ノボルにはあまりリーダーの自覚がない。やはり自分はその器ではないと、いまだにどこかで思っている。もし、このプロジェクトが成功するとすれば、それは紛れもなく、チームのメンバーそれぞれの功績によるものだ。

〈俺の器に入っているのは…人か?〉

定年までに空っぽにする

BCPH開発室は、行政の強力なバックアップもあって、着実に成果を上げつつあった。

もっともシステムの開発には相応の時間がかかり、会社に利益をもたらすのは当分先のことだが、何しろ省庁もテコ入れする未来の在宅医療システムの一端を担うわけだから、さすがに甥っ子専務も文句は言えない。われながら苦し紛れにいい手を思いついたものだとノボルは感心する。いや、何よりプロジェクトの発案者であるルーキーに感謝感謝だ。

そのルーキーはいまや言葉知らずの若者ではなくなっていた。ノボルも経験があるが、熱中すれば若いだけにその機動力は半端ではない。これも企画が走り出して分かったことだが、こうしたプロジェクトは、開発の初期段階では大企業よりむしろ小回りの利く中堅クラスの会社のほうが動きやすい。その上、ノボルの会社には医療分野で長年積み上げた実績があるから、同じフィールドでも確実に優位に立てるのだ。ルーキーは亡き叔父への熱い想いをバネに、見たこともないフットワークで、自由にその中を駆け抜けていた。

その手綱をみごとにさばいているのが次長だ。ルーキーが動きやすいように、また、出っ張りすぎないように、時に厳しく、時に優しく、緩急を織り交ぜながら、絶妙な手練で仕事を詰めていく。

「全部使え」というのが、最近の次長の口癖だ。人脈、営業ノウハウ、業界知、データ整理の仕方など、次長の持っているものは全部使えという意味だ。ネタ元不明のネット情報や耳に心地よい風評にとらわれず、一営業マンが三〇数年かけて足で集めたものを、とにかく使い倒せ。肌に合わなければまたこっちにバックしろ。違う引き出しを探してみるから。

「ヤツに全部渡して、定年までに空っぽにするのが夢なんだ」

おかげでルーキーはどんどん知識を吸収し、経験を重ね、のびのびと楽しく営業の何たるかを習得している。実に素晴らしいコンビだ。

楽しそうに乗せられている

プロジェクトのカギを握るシステム開発も、ＳＥ氏がリハビリ明けとは思えない底力を発揮し、順調に進捗している。それを力強くサポートするのが、定時マンの用意するマーケティングデータだ。相変わらず誰にもとがめられることなく毎日定時退社を続けながら、彼は、このチームの活動基盤をしっかりと下支えしている。ビジネスモデルの構築に必要な資料は、どんなシーンのものであれ、求められたものをすぐさま揃え、系統付けて整理し、日を待たずに提出する。その完成度は瞠目ものだ。また、元コンサルとしてのポテンシャルも遺憾なく見せつけ、ＩＴには詳しいが業界認識に疎いＳＥ氏の業務知識を完璧なまでにカバーしている。おかげでＳＥ氏はつねに自分のペースで、ストレスなく作業を進められるのである。

ところが、その定時マンに言わせると、このプロジェクトは明らかに、リーダーであるノボルのペースで進んでいるらしい。ＳＥ氏は、ノボルにまんまと乗せられて、自己ベストを繰り出し続けているというのだ。

「それもずいぶん楽しそうに乗せられている。まあ、私も人のことは言えませんが」

と、定時マンは頭をかく。SE氏はどうも対人関係が苦手のようだ。かなり口下手で、どんなに優れたシステムを開発しても、公的な発表はおろか取引先相手の説明もままならない。「はい」とか「いいえ」とか、簡単に答えられそうな質問にすら、しばしば固まってしまうほどだ。

一方、ノボルのコミュニケーション能力はいまや社内外問わず高く評価されている。それも本人が特に意識していないにもかかわらず、周囲に「何とかしてやりたい」と思わせてしまう、何とも得なキャラクターである。これは天性のもので、ノボル自身も、草野球を始めてから何となく「そういうもんかな」と自覚するようになったのだが、それが分かっても別にどうということもなく、相変わらずの脱力系をキープしている。

「分からない」は魔法の言葉ですね

ノボルの類まれなコミュニケーション能力のうち、最大の起爆力を擁するのが「分かりません」攻撃である。内覧会のときもそうだった。ノボルは単に分からないから正直に「分からない」と言っているだけなのに、これが相手のモチベーションを妙に刺激する。普通なら呆れたり、怒り出したりするものを、これはヤバいとばかりに、何としても「分からせよう」という努力に走るのである。

BCPHプロジェクトでは、この「分かりません」攻撃がさらに威力を発揮した。開発者のSE氏はうまくしゃべれない。プレゼン資料は定時マンに任せることはできても、対外的にはチームのリーダーでもあるノボルが、「分からない」では済まされない。プレゼンするのは俺。勢い、ノボルの「分からない」はSE氏に向けられた。

開発のフェイズが上がるごとに、SE氏はノボルに、その内容を細かくレクチャーしなければならない。それを取引先に持って行って実際に説明するのはノボルだからだ。さらに、ノボルは取引先から持ち帰った情報を、今度はSE氏にフィードバックする。SE氏はそれを読み解いて、システムに反映させるわけだ。

この作業はかなりの気力と体力を要する。暮らしと医療機器が密接に結び付いた在宅医療・介護の相互情報システム。言うのはたやすいが、中身は複雑多岐にわたる。しかし、生活に密着しているからこそ不明点を解消して一つ一つ意図を明確にし、万民にも分かりやすいものにしていく必要がある。最初はどうなることかと思ったが、未来のためにこのプロジェクトを成功させたいという一心で、二人は根気よく取り組んだ。

ミーティングでは例の『ファルコンズの木』も大いに役立った。紙面が真っ黒になるまで枝葉が広がり、ノボルが「ああ、分かった」と膝を打つ。すると、SE氏の顔がパッと輝く。それを脇で見ている定時マンは大真面目に言う。

「リーダーの『分からない』は魔法の言葉ですね」

皮肉でも何でもない。これほど自信をもって「分からない」を連発する人間に出会ったことがないと、心底感嘆しているのだ。

こうして、ノボルの「分からない」をコツコツと「分かる」に転換させていく作業は、システムの開発業務と並行して、SE氏の重要なミッションとなった。一見時間がかかるようだが、SE氏はそれを基に、非常に効率的にプログラムを組み立てることができる。また、ノボルにとっても、業務の進捗状況をマクロで把握することが可能になり、営業的に好都合だ。

事業が拡大し、プロジェクトにかかわる人間の数が多くなればなるほど、齟齬のないようコンセンサスを徹底しておかなければならない。その意味でも、自治体などでは特に、文書を作成しやすい、計画を進めやすいなど、すこぶる好評で、BCPH開発室の切り札の一つとなっていった。

「みんなが考えていること」なんてない

開発室ではもう一つ、画期的なプランが密かに進行していた。ある日、定時マンが提示したアイデアに、チームは仰天する。

プロジェクトにおいて、持てるマーケティングマインドをフルに使って、メンバーへ的確な情報を提供し続ける定時マンは、BCPHの動向を俯瞰で眺め、最も冷静に分析できる立場にあった。システム開発はSE氏の踏ん張りで、順調にフェイズをクリアしている。また、次長とルーキーのコンビも、ビジネスモデルの本格始動に向けて協賛企業や販路拡大に奔走している。ただ、肝心の収益の見通しはいまのところ未知数だ。将来的には確実に見込めても、数字のめどが立たなければ、チームの存続も危うくなる。リーダーの言う『楽しくも勝つ』プロジェクトの実現も難しい。

元コンサルとしての血が騒いだ定時マンは、開発中のシステムに、実際に組み込む医療機器、つまりマテリアルの実効性について、早くもリサーチを開始した。幸運なことに、定時マンの父母のいる介護施設は、プロジェクトにかかわるエリア内にリンクしていた。それに目を付けた彼は、施設長にかけ合って、母体である大手介護サービス会社のマーケティング部とコンタクトをとり、有能なコンサルのスキルを駆使して、このプランの将来性を語り、モデルケースの提供者として貢献してほしいと持ちかけたのである。

そして、ほぼ確約をとり、ある程度の見通しがついたところで、今回の報告となった。計画が本格始動したらすぐにでもモニタリングの準備を始めるとのこと。すでにモニターのプロファイリングや取り扱う製品の選別作業も進めているそうだ。

扱う医療機器のリストには内覧会でノボルの株を上げた例の新商品も含まれていた。定時マンが年度末に有給休暇を目いっぱい消化した理由は、てっきり家庭の都合と思っていたが、そのデモンストレーションのためだったという。汎用性の高さが買われ、大いに期待が寄せられているというが、まだカスタマイズもされていないのに、既存品を使ってどんな説得を試みたのか。その潜在能力には恐れ入る。少し時間はかかるとはいえ、会社の利益に直結する話だから、チームとしてはこの上ない朗報だ。ノボルはもろ手を挙げて賛成した。

「マーケティングは『みんなが考えていること』を前提に戦略を立てますが、実はそんなものはないんですよね。特に福祉や医療では一人ずつ事情が違う。それを掘り起こすことに意味がある。このチームに来て初めて気が付きました」

みんなって誰よ

それで思い出したことがある。ファルコンズのエースだった丸ちゃんが退団したあとのことだ。退団の理由がちょっと衝撃的だったこともあり、チームはしばらく停滞ムードにおおわれていた。入団して二年足らずのノボルは、山下の熱血指導で何とか投手らしくなってきたところで、制球力にいま一つ自信が持てないということもあり、来シーズンまでにメンバー補強をして心機一転しようという意見に思わず賛同してしまった。ところが、監督が一切その気にならないので、ちょっと焦れて山下に尋ねてみたのだ。

「何で監督は補強しないんですかね。みんなそう思っているのに」

山下は目を見開いた。

「みんなって誰よ」

ノボルが答えられず、言葉に詰まっていると、山下はいつになく決然とした口調で、

「みんななんて言葉、俺は信じない。みんなの中に自分は入ってるのか？　それって一番大事なことをうやむやにするってことじゃないの？　誰と誰がそう思っているのか分からないなら、

ちゃんと責任とってしゃべってる監督の言うことを俺は信じるね」

その後のチームの巻き返しぶりを見れば、結果的に監督の判断は正しかったわけだが、考えてみると、いま現在のファルコンズの状況は、このときと酷似している。

監督を引き継ぐことになり、悩みに悩んだ末、ともかくノボルはメンバーの意見を聞いて回ることにした。その中で一番気になったのが、メンバーの刷新という言葉である。

草野球の場合、そんなに潤沢にメンバーがいるわけではないが、レギュラーの参加率が高いファルコンズは、スタメンにあまり変動はない。しかし、創設者である監督が退き、新監督が就任して、いわば新生ファルコンズが誕生しようとしているいま、スタメンのみならず、メンバーの入れ替えを視野に入れてもいいのではないか。そんな意見も耳にしたのは確かである。

要はノボルの覚悟の問題じゃないかな

新メンバーの新生ファルコンズ。とりわけそれを主張したのは、新世代のエース、ショウタである。いわく、自分はまだ決して新監督を認めたわけではない。しかし、ほかならぬ先代の要望でもあるし、そこは仕方がないから従おうと思う、と言いたいことをズケズケ言ったあとで、ショウタはこんな提案をした。新監督の下でやっていくのなら、新しいカラーを出すためにも、もっと若手を起用してはどうか。また、若く有能な選手を補強することを考えてもいいと思う。それに、前監督も引退したことだし、古参の人たちからも、そろそろ年貢の納め時だという声も聞いている。

「みんな思ってるみたいですよ。いい機会だって」

みんな…。これまでのヒアリングで、確かに何人かは、新生ファルコンズという呼び名を口にしていたと思う。しかし、新監督で、新メンバーで、新生ファルコンズ。みんなが本当にそう思っているだろうか。例えば、ファルコンズに在籍していることをあれほど楽しんでいるベテランたちが、監督が代わったからといって、辞めたいと思うだろうか。

「みんなって誰だよ」

山下に聞けばまた一喝されるのがオチだから、ノボルはそれとなくキャプテンに探りを入れてみることにした。キャプテンは、ショウタをはじめ若手が順調に育ってきていることを、素直に喜んでいる。

「ただねえ、あまり練習が好きじゃないみたいだなあ。そこは何か方法を考えないとね」

ノボルの困惑顔に気付くと、キャプテンはいつもの穏やかな笑みを浮かべて、

「大丈夫だよ。ほら、うちのチームにはめちゃくちゃ練習好きなオッサンたちが揃ってるじゃ

ないか。利用しない手はないだろ」

それからちょっと真顔になって、言った。

「要はノボルの覚悟の問題じゃないかな。思いどおりに器に入れていけばいいよ。ファルコンズが好きだってことは、みんな同じなんだからさ」

ノボルよりも数倍筋がいい

キャプテンの言葉で、ようやくノボルの腹は決まった。みんなが思っていることを、一つにしようなんて土台無理だ。自分が好きなファルコンズ。それが、みんなが好きなファルコンズだと信じる。それを実現するために何ができるかだ。少なくともメンバーの刷新はない。山さん、キャプテン、落合さんはじめ旧メンバー、そして、ショウタたちニューフェイス。誰一人欠けても、先代監督のいう『楽しくも勝つ草野球』は実現できないはずだ。

ノボルの頭には、いまのBCPH開発室のイメージがあった。誰もが互いを補い合って、個々が最大限の能力を発揮する。それこそみんなが楽しんで仕事をしている。ノボルがプロジェクトの経過報告をするたびに、山下は面白がって聞いていたが、そもそもこのビジネスチームは、前監督の助言に従って、当の山下を観察し続けた結果、生まれたようなものだ。今度はそれを応用すればいいわけか。ノボルの中で、ビジネスと草野球がさらに強く結び付いた。

手始めに、ノボルは未来のエース、ショウタを山下に委ねることにした。

「何でいまさら俺が？　ノボルが教えればいいじゃない。カントクなんだから」

と渋る山下を、

「いいじゃないですか。俺より伸びしろありますよ。なにせ先代の教え子なんですから」

と、なだめすかして指導を頼み、ショウタには、

「先代が絶大な信頼を置いていた先輩だ。どれだけ価値ある投手か、おまえなら知りたいだろ。いまのうちにどんどん教えてもらって、ぜんぶ吸い取っちゃえばいい」と、ハッパをかけた。

案の定、というよりノボルの予想をはるかに超え、ショウタは瞬く間に本物のエースへと成長していった。山下から伝授されたノボルの大事な決め球、バルカンチェンジはおろか、ノボルが最後までモノにできなかった縦割れの大きなカーブも、素地ができていたのか、難なく習得した。最初は気乗りしていなかった山下も、

「おいおい、ありゃノボルの数倍も筋がいいぞ。楽しみだぁ～」

とずいぶんうれしそうだ。

「それに素直なんだよなぁ。純なんだよなぁ。誰かさんと違ってさ」

山さん二号か、三号か

ショウタのほうも、山下の指導が熱を帯びるにしたがって、投手としての実力はもちろん、チームに対する考え方も変わってきたようだ。確かにノボルよりはるかに頭もよく、先代から草野球好きのDNAを受け継ぎ、ファルコンズへの愛は人一倍深いから当然だろう。また、山下を通じて、ファルコンズというチーム全体をあらためて見つめ直すことで、各々のメンバーの個性と役割を彼なりに理解したらしく、若手中心のチーム編成の話など、いつのまにか言わなくなった。

ショウタの素質を最初から買っていたノボルは、監督や山下がエースとしての起用をなぜためらうのか腑に落ちなかったが、最近その理由が分かった。入団した頃のショウタは、人とあまり積極的に交わろうとせず、練習も独自のペースでやりたがった。

ゲームのときは、その傾向が特に強く表れ、守備に就くベテラン勢が背後から声をかけても、軽くうなずくだけだ。冗談まじりに、「俺たち、信用されてないのかもなあ」と苦笑する者もいたが、それは、自意識の強い優等生が、失敗を恐れるあまり、周囲に頼ることを極端に避けようとしていたからなのだ。

監督も山下も、最初からそれに気付いていた。だから、時間をかけてショウタのそのクセを取り除こうと考えていたわけだ。失敗してもOK。仲間がいくらだってカバーする。エースはそれを信じなければ、楽しく戦えない。そうでなければ、ファルコンズのエースにはなれない。だって、それこそが葛飾ファルコンズらしさ、『楽しくも勝つ草野球』というものなのだから。

山下の底抜けに明るい草野球魂に感化され、ショウタはすっかりキャラを変えていった。近頃はマウンドに立つと両手を上げ、後ろを向いて恥ずかしげもなく、

「今日も楽しくやりましょう！」

と雄叫びを上げるところまで山下とそっくりで、

「おいおい、またまた山さん二号か、いや三号誕生か？　これ以上増えたらどうすんだよ、カントク」

などとメンバーから笑って突っ込まれる。しかし、おかげでファルコンズも、ようやくかつての活気を取り戻し、今季の滑り出しは上々だ。

批判などとんでもない

監督として覚悟を決めると同時に、BCPH開発室モデルを採用したことにより、ノボルは従来のスタイルを崩すことなく、新生ファルコンズをスタートさせることができた。正岡シキ草野球については未知数だが、一時の気の迷いで、「みんながそう思っている」などとリストラに走り、仲間の価値を見誤って、メンバーを入れ替えたりしなくてよかった。いまはつくづくそう思っている。

だからこそ、最近の会社の不穏な空気は、珍しくノボルを苛立たせた。その中心にいるのは言うまでもなく甥っ子専務である。

医療機器分野は一部を除いて、業績はとても右肩上がりとはいえず、ノボルの会社も誠実な仕事で一定の顧客を確保してはいるが、売上の伸び悩みはいかんともし難い。満を持して打ち出した新製品も、内覧会では好評を博したものの、その汎用性の高さを発揮できる新たな市場の開拓については、いまのところ難航している。とはいえ、会社にしてみれば、低調ながら現状は維持できているし、このまま地道に販路を広げていくのが現実的だろう。

ところが、その小さな町工場の地道な生き残り戦略は、甥っ子には我慢ならないらしい。鳴り物入りで入社したのに、このままではせっかく取得したＭＢＡ資格も宝の持ち腐れとばかりに、米ビジネススクール時代のツテを使って、業務提携だのＭ＆Ａだの多角化戦略だの、手当たり次第に話を大きくしていくから始末が悪い。おまけに、「自分のことは専務ではなく『ＣＭＯ（最高マーケティング責任者）』と呼べ」ときた。

ノボルはその時点で嫌気がさし、専務主催の戦略会議とかマネジメント勉強会とかいう代物には、あれこれ理由を付けて一切参加しなくなっていた。かといって、専務にたてつく気は毛頭ない。最初のうちこそ、しつこくゴルフをすすめられ、あげく草野球をバカにされるにおよんで、思わず強い口調で断るという一件もあったが、それ以降は持ち前の脱力系をキープし、鳴りを潜めている。よけいなことを言って、また草野球が槍玉にあげられてもいいことはないからだ。

社内には、未来の社長に早速取り入ろうとする連中がいる一方で、甥っ子の強引なやり方をあからさまに非難する者もいた。しかし、ノボルはあくまで中立的立場を貫き、かえってそれをなだめることもあった。何しろ、意図はどうあれ、専務はＢＣＰＨ開発室という、最高に面白い部署を自分に与えてくれたのだ。しかも、利益は二の次で。批判などとんでもない。心からお礼を言いたいくらいだ。

しかし、そんなノボルのささやかな感謝の念もぶっ飛ぶ緊急事態の勃発である。M&Aも多角化もうまく行かないと知った甥っ子専務は、口癖だったイノベーションをなぜか封印し、教科書どおりに利益優先、経費削減とばかり、ここへ来て大胆なリストラを断行するに至ったのである。

ファルコンズと山下さんに感謝しなきゃな

まず、工場の一部閉鎖に始まり、外注業者の絞り込み、アウトソーシングへの大幅な移行、非正規雇用者の採用拡大と、甥っ子の振るう大ナタは容赦なく、希望退職、早期退職の募集、派遣登録など、リストラの嵐はあらゆる部署におよんだ。その対象には、かつてノボルが社内で唯一、心を許した先輩も入っていた。どんな事柄にも長所を見つけるという特技を持ったデカい図体の心優しき先輩は、年下の甥っ子専務の直属の部下になり、不毛な業務に振り回されたあげく、心身ともに疲れ果て、四〇代を前にして早期退職に応募したのである。

部署を超えて親しい者だけが集まった送別会に、先輩は案に反してすがすがしい笑顔で登場した。宴席では先輩の持ち味である例の「ホメ癖」が話題に上った。聞けば誰もが一度は彼に、思ってもいない自分の長所を指摘された経験があった。悩んでいるとき、落ち込んでいるとき、どれほどそれが救いになったか。会社を去るときになって、その類まれなリフレーミング力に、あらためて称賛の声が上がった。

「うちの草野球チームにも、先輩みたいなホメ殺しマイスターがいるんですよ」

ノボルは初めて先輩に山下やファルコンズの話をした。熱心に聞いていた先輩は、

「ああ、それでか」

と得心してから、満足そうに言った。

「おまえが変わったの、そのファルコンズってチームのせいなんだな」

「俺、そんなに変わりましたか？」

自分でも確かにそう思ってはいるが、直接言われると照れくさい。

「覚えてるか？　おまえ昔、俺に、仕事は楽しいかって聞いたことがあっただろう」

よく覚えている。仕事が楽しいわけがない。でも楽しいこともある。先輩はそう教えてくれたのだ。

「俺はもう会社が楽しいと思えなくなったから辞めるんだ。けど、おまえは本当にいま、仕事を楽しんでるよな」

ノボルの肩をポンと叩いて、またホメる。

「ファルコンズとその山下さんに感謝しなきゃな」

その後、興に乗った先輩は、愛してやまない松井秀喜の完璧な物まねを披露し、皆の喝采を浴びた。バットの上げ下げから地面をならす足さばき、アゴをカクカクさせて首の位置を定めるしぐさ、膝の絶妙な曲げ具合。一八〇センチを優に超える体格共々、まさに松井そのものだった。しかし、「あれ?」。

ノボルの口がポカンと開く。バットを放した手の形まで本人そっくりなのに、肝心のスイングは…とてもホメられたものではなかった。

少数精鋭で乗り切っていきます

リストラの嵐はその後もしばらく吹き荒れた。もちろんBCPH開発室にも魔の手は伸びかけたが、リーダーのノボルはそれを断固として拒否した。その言い分はこうだ。

ギリギリの人数で立ち上げたこのプロジェクトは、いまやチームの誰一人欠けても進まない。利益も上げられず非常に心苦しいところだが、システムの開発事業はもはや一民間企業のものではなくなっている。一人でもリストラ対象となるなら、業務の進行は長期に頓挫してしまうだろう。となると、自治体や行政にどう申し開きをすればいいか。また、出向者の受け入れや外部委託するにしても、計画の経緯をすべて開示し、一から検証して引き継ぐことになるが、コンプライアンスの問題も含めて社はどう対応する考えか。

やんわりと社の見解を尋ねているようで、よく聞けばほとんど脅しである。いつになく理詰めで抵抗するノボルの勢いにひるんだ直属の上司は、板挟みを避け、専務との直接交渉を提案した。気は向かないが仕方がない。渋々専務室に出向いて、ノボルはまず深々と頭を下げた。このプロジェクトを発案していただき、真にありがとうございます。専務もといCMOの多大なるご支援の下、当開発室は順調に成果を上げています、というわけだ。

医療機器と地域サービスのネットワーク化は、当社の革新的な事業展開を示唆するもので、成功すればCMOの企業ビジョンを具現化する当社最大のトピックとなるでしょう。しかし、もしここで当社が撤退するとなれば、業界のみならず国家的な研究分野においても社の誇りは傷付けられる恐れがあります。今後さらなるプランの拡充が予想されますが、間違ってもそのような事態とならぬよう、メンバー一同、少数精鋭で乗り切っていきますので、ぜひ引き続きご支援をお願いします…。

すると、専務は意外にもあっさりとリストラ案の撤回を承諾したのである。

実をいうと、アメリカ帰りの甥っ子専務が最も苦手とするのが、日本の自治体や省庁といったお堅い現場である。忖度と斟酌が渦巻く独特の組織風土に生きる役人たちには、得意のビジネス英語も通じないからだ。

甥っ子のプライドをうまい具合にくすぐりつつ、その弱点をついたノボルの術が功を奏したわけだ。

再び深々と頭を下げて、専務室を出ていくとき、ちらっと見えた甥っ子専務のいまいましげな顔を、ノボルはいまでも覚えている。

改革病という名のハシカ

「次世代を見据えた組織・経営イノベーション」と称する社の人員整理禍は、それから半年あまりも続いたあと、ようやく終息した。

山下に言わせると「改革病って名前のハシカ」にかかっていた甥っ子専務は、熱が冷めてや正気に戻ったらしく、アメリカ人のコンサルタントを外部スタッフとして招き入れ、経営戦略の見直しを図った。このアメリカ人がかなり優秀な上に日本びいきで、下町の一医療機器メーカーの優良性を高く評価し、いまある人材を効率よく配置し直して、無駄のない組織編成をやってのけた。

おかげで業績は徐々に上向きになり、甥っ子専務も鼻高々だが、何のことはない、作業効率が上がったために、個々の社員が能力を活かしやすくなり、従来の業務においても生産性がアップしただけのことだ。もともと優れた製品を誠実に提供し続けてきた結果なので、甥っ子が鼻にかけることでもないのだが、この妙に人懐こいアメリカ人コンサルを連れてきた功績だけは、唯一ノボルも認めるところである。

ＢＣＰＨ開発室も、メンバーの頑張りで、わずかながら利益計上の道筋が見えてきた。というのも、アメリカ人コンサルが、このプロジェクトを「アメイジング！」と絶賛し、自己のネットワークを使って、次々に社の製品と有能ベンチャー企業とのマッチングを実現していったからだ。彼は、同じコンサル業出身の定時マンのモニタリングプランに「パーフェクト！」と驚嘆の声を上げ、その定時マンスタイルを、数少ない日本のワーク・ライフ・バランスの実践者とたたえ、あっという間に二人は親密になる。このことが少なからず専務の妬みを買い、その余波がノボルにも波及することになるのだが、それはまだ先の話だ。

家族の理解は欠かせない

もう一つ、先のリストラがノボルにもたらした数少ない幸運がある。例の「ホメ癖」先輩が、葛飾ファルコンズに入部してきたのだ。先輩は退職後、転職はせず、行政書士になった妻の仕事を手伝っている。本人も資格を取るため勉強中とのことで、さぞかし肩身が狭いだろうと思いきや、妻が事務所を開くにあたり、退職金をポンと気前よく出したおかげで、文句一つ言われない。どれだけホメて口説き落としたのか知らないが、ずいぶん優秀な妻を射止めたもので、いまやデカい顔で左ウチワの毎日だ。

先輩の妻は会社の元同僚である。実は、その妻は、つい数カ月前に結婚したノボルの妻とも仲がいい。覚えているだろうか。ノボルの妻は、序盤で登場した、あの、「字がきれいになった」とホメてくれた事務の子である。彼女は、ノボル自身よりもずっと早く、草野球がノボルに与える影響に気付き、理解を示してくれた。デートはいつも河川敷だったし、いまも毎週末、気持ちよく送り出してくれる。土日に家を空けることの多い草野球人にとって、家族の理解は欠かせない要素の一つだ。

ノボルはファルコンズのことをいちいち報告することはないが、それでも妻が聞きたがれば話すし、独身時代はしょっちゅう応援に来ていたので、山下やキャプテンとも顔見知りだ。つい先日も、山下の計らいにより、いつもの居酒屋でファルコンズ主催の結婚パーティを開いてもらったばかりである。

そんな話をたまたま聞いた奥さんを通じ、先輩は、送別会の日以来、気になって仕方がなかったファルコンズに、ぜひとも入部したいと希望してきたのである。

ただ、かつて野球部に在籍していたとはいえ、万年補欠だった先輩は、あの送別会でノボルが目にしたとおり、松井秀喜ばりのガタイとは裏腹に、お世辞にもセンスがいいとはいえなかった。でもそこはファルコンズ。ヒマに任せて、嬉々として練習に通う先輩を、メンバー全員が温かく迎え入れたのは言うまでもない。

このチーム、面白いよなあ

来る者がいれば、去る者もいる。しかし、ノボルにとって、そんな簡単な言葉では片付けられないほど大きな別れが待っていた。

シーズンも終盤に差しかかり、決勝トーナメントも大詰めを迎えようとしていた。葛飾ファルコンズは、存続の危機を乗り越えて、『楽しくも勝つ草野球』に向け、快進撃を続けていた。ノボルはプレーイングマネジャーとして試合に出場することもあったが、登板数を減らしつつあった。それくらいショウタの成長はめざましく、危なげないピッチングで勝ち星を上げている。仲間とのチームワークも文句なしで、山下と先代が築き上げたファルコンズらしさを体現する、まさにエースの風格になってきた。

ノボルがマウンドに上がるときは、キャプテンか山下が監督代わりを務めてくれる。だが、入部したての先輩から、ここで思わぬ指摘を受けた。

「おい、このチーム、面白いよなあ。カントクの指示なんかなくてもすごくいいゲームをやる。いや、カントクがいなくてもいいんじゃないか？」

ホメてるんだか、けなしてるんだか分からないが、ベンチからずっと試合を見ている先輩が言うんだから間違いない。それどころか、ノボルが投げている最中に、

「ちょっと見てて」

と、山下が一声かけて、どこかに行ってしまったこともあるとか。

「見てて って言われてもなあ」

先輩は笑っているが、そういえば、ノボル自身もよほどのことがない限り、試合運びはメン

バー任せだ。スコアブックの記入に集中している間に、パタパタと得点を重ねていくこともよくある。もしかしたら、これが正岡シキか？

思うとおりに選手たちを育ててくれないか

それからまもなくのことだった。

試合が終わって、いつもどおりショウタたち若手は、次のチームのためにグラウンド整備を始めていた。ノボルは、対戦相手の監督に一言挨拶しようと、相手ベンチのほうへ行きかけ、山下に呼び止められる。そして、いきなり衝撃の告白をされたのだ。まさに衝撃だ。山下が今シーズン限りでファルコンズを辞めるというのである。

一瞬、目の前が真っ暗になった。なぜだ？　なぜいまなんだ？　ファルコンズがイヤになったのか？　それとも俺が何かしたか？　ノボルの頭の中であらゆる疑問が渦巻いた。

呆然としているノボルを見る山下の目は、なぜか笑っている。それでノボルは猛烈に腹が立ってきた。

「なに笑ってるんですかっ!!」

「いや、笑ってない、笑ってないよ」

「笑ってますよ！　何がおかしいんですかッ！」

あまりの剣幕に、近くにいたキャプテンが仲裁に入る。その冷静さを見ると、すでにこのことを知っているらしい。

「山さんはね、監督になるんだって」

「えっ!?」

二年ほど前になるそうだから、ちょうど前監督の容態が悪くなり、ノボルが新監督になるかどうか迷っていた頃である。ある高校から山下に、監督へのオファーが来た。いったんは断ったが、声をかけた理事長は、山下が在籍していた社会人チームのＯＢで、簡単には引き下がらなかった。

「山下君のプレーが好きだった。だから、キミが名門野球部の監督になったとき、その息苦しさも手に取るように分かった。キミの野球への情熱は、誰よりも理解しているつもりだ。頼む。かつてのびのびとプレーして、強豪と呼ばれていたわが母校の野球部が、いまは廃部寸前なんだ。いまのキミならきっと立ち直らせてくれるだろう。キミの思うとおりに選手たちを育ててくれないか」

ノボルのおかげなんだよ

話を聞くうちに、ノボルは涙があふれてきた。キャプテンも泣いていた。だが、当の山下はニコニコしている。

「おいおい、祝福してくれよ。俺も監督になれるんだからさ」

「じゃあ、ファルコンズの監督になってくれれば、いいじゃないですかあ…。俺なんかじゃなくて…」

涙声で訴えるノボルに、

「なに言ってんだ。ファルコンズはノボルのチームだろ」

と、おどけたように言う。

さっきまでファルコンズがプレーしていた河川敷のグラウンドでは、別のチームが試合前の練習を開始していた。ショウタたちの姿はもうない。

「俺ね、もう一回、ちゃんと教えたいの。前は教えられなかったからさ。野球がこんなに面白いってことを」

だから頼むよ、監督にさせてよ、と、うつむいたままのノボルの肩をつかんで大げさに揺さぶる。

「ノボルのおかげなんだよ」

先代のおかげで、自分は、誰かのために野球をすることの楽しさを知った。そして、ノボルに出会って気付いた。それが自分のための野球でもあるということを。ただ勝つための野球ではなく、楽しくも勝つ野球。

「ノボルは、それを仕事にまで完コピしてくれたんだよなぁ。すごいよ」

それでも、ノボルの涙はまだ止まらない。その肩を強く抱えて、

「俺はさ、みんなにずっと野球は楽しいと思っていてほしいんだ。卒業したって、どこでもやれるし、いつでも戻れる。ベースボール・イズ・マイライフだ。教えてくれたのはキミじゃないの。正岡ノ・ボール監督ッ」

あとで聞けば、このことはチームのほとんどが知っていて、あとはノボルに打ち明けるだけだったという。ショウタへの熱血指導を、タイミングよくノボルから依頼されたことも、いいきっかけになった。もう思い残すことは何もないというわけだ。平気な顔して、黙って万端準備する。だから誰も異を唱えることはできない。何とも山下らしい。

おまえが羨ましいんじゃないの？

秋季の公式戦で葛飾ファルコンズは、ショウタの安定したピッチングと、新旧メンバー混交のチームワークのよさに加え、さまざまな幸運に恵まれた結果、久々の優勝を果たした。ノボルが監督に就任後初の記念すべき優勝である。しかし、電撃退団を果たした山下の「送別会は無用」という一言が後を引き、祝勝会もいまいち盛り上がらず、いつになく静かにシーズンオフを迎えることになった。

山下がチームを去ってから、しばらく抜け殻のようだったノボルだが、年が明け、ＢＣＰＨ開発室の業務ががぜん忙しくなり、この半年ほどは仕事に打ち込むことで、気を紛らわすことができている。

そんなある日、いつものように週末の練習に赴くと、先輩が思わぬ情報を耳打ちした。

「専務が草野球チームをつくるんだってよ」

〈なんだそれ？〉

退職した人間から社内の事情を聞かされるのもどうかと思うが、ノボルはそういうことにすこぶる疎い。むしろ先輩のほうが、行政書士の妻ともども、いまだ幅広い社内人脈を保持しているというわけだ。

ただ、専務は社内に野球部を発足させるわけではなく、個人的にチームを結成するらしいから、ノボルが知らなくても当然かもしれない。

ノボルはちょっと違和感を覚えた。あんなに草野球をバカにしていたのに、何の心境の変化だろう。

「おまえが羨ましいんじゃないの?」

まさか。しかし、メジャーリーグ以外は野球ではないとでも言いそうな甥っ子専務が、どんなきっかけであれ草野球の魅力を知り、自分のチームを持ちたいと願ったのなら、それは大歓迎だ。

ノボルは一草野球ファンとして純粋に喜んだ。

ところが、専務の思惑はちょっと違ったらしい。事情通の先輩がもたらした追加情報によれば、専務の草野球参入には、少なからずノボルが関係しているというのだ。

「やっぱりノボルが羨ましいんだよ。専務は人望ないからさ」

なかなかの強豪チームらしいです

ノボルが草野球をやっていることは、すでに社内では公然たる事実であり、むろん甥っ子専務も知っている。実際、専務が最も有効なビジネスツールだとゴルフをすすめても、ノボルは見向きもしなかった。CMOの立場で一社員のプライベートにまで口をはさむわけにはいかないが、なぜそれほど草野球にのめり込めるのか。ビジネスマンにとってスポーツはあくまでも運動不足やストレス解消、あるいは接待の道具でしかないと考える専務には、それが理解できない。

また、自分が主催する勉強会にも、ノボルは一切出席しようとしない。これも参加は自由意志だから文句は言えないが、それに代わる価値が草野球にあるとは到底思えない。なのに、ノボルは、仕事と草野球を嬉々として両立させ、あろうことか自分が命じたパワハラ並みの不毛なプロジェクトを、リストラ予備軍とともに平気な顔をしてやりこなし、成果を上げつつあるのだ。

さらに、甥っ子の心をざわつかせたのが、ノボルがその草野球チームの監督になったというニュースだ。社内にはそういう話をわざわざ耳に入れる人間がいて、しかも、去年の秋は優勝したというからなかなかの強豪チームらしいです、などとよけいな情報まで付け加えるものだから、甥っ子専務はいよいよ落ち着かない。まさかノボルの仕事での快進撃にも草野球がかかわっているのか？　そんなはずはない。プロならまだしも、球遊びの延長に違いない草野球が、ビジネスの成否に影響するなんて。

ほかのスポーツをしたほうがいい

実は、甥っ子は野球が根っから嫌いというわけではない。むしろ、子どもの頃は野球が大好きだった。

ほんの半年ほどだったが、地元のリトルリーグに入部していたこともあるくらいだ。世界大会にも出場経験のある都内でも名門のチームだった。そのとき名物監督からいわれた言葉がいまも忘れられない。名門だけに部員数は数十人単位だったが、その中でも自分の野球センスはそう悪くないと、子ども心に自負していた。

ところが、監督の評価はそうではなかった。同学年の子に比べると、キミは足が遅い、そして背も低い。「ここにいても無駄だ。ほかのスポーツをしたほうがいい」。

数あるちびっ子プレーヤーの中で在籍中に試合に出られるのはほんの一握りだ。監督にしてみれば、ほかに活躍できる場を早く見つけろという温情から言ったものかもしれない。しかし、当時から人一倍プライドの高かった甥っ子はそうはとらえなかった。

〈そうか、自分は野球に向いていないのか。それなら金輪際、野球なんかやるもんか〉

以来、甥っ子専務にとって、野球は天敵のような存在になってしまったらしい。

とはいえ、この出来事が彼の中に暗い影を落としたかというと、実はそうでもない。むしろ、この幼い頃の経験が、どちらかというと素直でプラス思考の甥っ子の生き方を決定付けたともいえるのだ。野球に限らず、スポーツは才能ある人間がするもの。でなければ勝利は得られない。いや、スポーツだけでなく、どんな分野においても、能力のある人間だけが成果を上げるのだ。

こうして、甥っ子専務は成長とともにバリバリの成果主義、能力第一主義の道を突き進んできたというわけである。

チームを再生しましょう

ところが、ビジネスにおいても能力主義を貫く甥っ子専務のポリシーに、真っ向から対立する存在が現れた。正岡ノボルである。

自分の経営理念には全く興味を示さない上に、個性はあるが無能に近い人間たちを手なずけて、ビジネスでも成果を上げようとしている。そのノボルが率いる草野球のチームが公式戦で優勝するとは…。もし、ノボルの中でビジネスと草野球が同列に結び付いているのであれば、自分の掲げる勝利の方程式すら価値を失いかねない――。

妙な危機感に駆られると同時に、甥っ子専務は草野球というものにがぜん興味が湧いてきた。根は真面目で研究熱心な男だから、確かめずにはいられない。周辺リーグについて徹底的に調査を開始し、自分でチームを持つことも可能であることを知った。しかし、そのあとがいただけなかった。

草野球リーグは一部、二部、三部と分かれ、各部でいくつかのブロックに分かれてリーグ戦を行い、その上位チームが決勝トーナメントに進むのである。いきなりチームをつくっても、ノボルが率いるファルコンズと対戦することは難しい。すぐにでもノボルと戦いたい甥っ子専務は、一つのチームに目を付けた。

そのチームは、かつては一部でも上位にランク付けされていた古豪である。しかし、このところ高齢化が進み、若手の補強もままならない。前シーズンの成績も振るわなかったが、何とか二部降格は免れた。ファルコンズも何度か対戦したことがあるから、ノボルも知らないチームではない。

取引のある金融機関からの情報でこのチームの存在を知った甥っ子専務は、早速、監督に話を持ちかけた。年齢的には引退を考えてもおかしくないが、引継ぎの宛てもない老監督は、「チームを再生しましょう」という専務の提案に思わず飛び付いた。

だが、この時点で、専務の思惑はそんな高尚なものではなくなっていた。ホームページや地元の広報紙などで、葛飾ファルコンズのことを詳細に調べ上げるうちに、彼の中で見当違いの怒りがメラメラと燃え出していたのだ。会社では脱力系でヘラヘラしていて、CMOの自分に従う様子などかけらもないくせに、草野球へつぎ込むこの情熱は何だ。

その上、与えられたミッションは大して苦しみもせず、楽々クリアする。それがもし草野球のおかげだとでもいうなら、その証拠を見せてもらおうじゃないか。いや、何としてもノボルを野球で叩きのめさなければ、会社への示しがつかない。自分のメンツも丸つぶれだ。ノボルがそれほど心酔しているファルコンズを打ち負かすためなら、一シーズンだけでもいい、手近な球団を手に入れて、最強のチームに仕立て上げる。その一念が、専務を突き動かしていたのである。

こいつは野球が分かっていない

甥っ子専務は、これも取引先を通じて都内の強豪社会人チームを紹介してもらい、取り急ぎ、短期で選手を何人か貸してほしいと交渉する。その結果、三人の補強選手が選ばれた。一人は左腕投手。所属チームでは三番手と聞いたが、一三〇キロを超すストレートと鋭く曲がるスライダーが武器で、ピッチングを見る限り、エースになれないのが不思議なくらいだ。もう一人は三七歳のベテラン捕手。守備、攻撃とも巧みで期待が持てる。そして、三人目は一九歳の新人遊撃手である。高校三年のときはドラフト候補にもなったという噂だが、どうも監督との折り合いが悪く干され気味で、腐らせるよりは武者修行に出したほうがいいという判断らしい。

いずれにせよ、ノンプロの選手たちだから実力は折り紙付きだ。

ただ、あくまでも今シリーズだけの契約で、言い方は悪いが、破格の金額で雇われた非正規労働者のようなものである。

実際、シーズンが始まって早々に、老監督は甥っ子専務の真意を知ることになる。まず、いまや球団オーナーともいえる専務に、チーム編成について一応お伺いを立てると、

「監督にお任せします」

という答えが返ってきた。それならと、老監督は旧メンバーと新メンバーをうまく混合させたチームづくりを練り上げた。ところが、これに専務はクレームをつける。せっかく一流選手を補強したのに、それが活かされていないというのである。老監督はすぐに気付いた。

〈こいつは野球が分かっていない〉

専務は練習には一切来ない。それはまだしも、既存メンバーの名前も顔も覚えようとしないし、むしろかかわりたくないといったふうだ。試合もめったに見に来ないが、そのくせ勝ちには異常にこだわる。だから、旧メンバーには「足を引っ張るな」、助っ人陣には「期待に応える結果を出せ」。口を開けばそればかりをブツブツ言う。決勝トーナメントにも勝ち進んでいるというのに、チームの覇気は下がるばかりだ。

明らかにほかのメンバーを信用していない

一方、補強選手たちはどうかというと、これも練習には一切参加しようとしないし、チームメイトとも口を利くことはない。試合に出ても、グランド整備はおろかチームミーティングなど、野球選手としての当たり前の行動すらスルーする。専務がたまに来たときは、さすがに雇い主と心得ているのか、愛想よくするものの、選手たちにだけでなく監督さえ明らかに見下すような態度をとる。

老監督は深く後悔した。野球をやっている者、しかも、仮にも実力を認められ、社会人野球の選手として活躍している者の正体がこれかと、情けない思いだけが募る。しかし、後悔先に立たず、である。試合回数を重ねるごとに、彼らの態度は傲慢になっていき、対戦相手はもちろん審判にまで汚いヤジを飛ばし、リスペクトのかけらもない。

とりわけ問題なのが若い遊撃手である。評判どおり、その強肩の守備範囲は広く、相手チームを幾度となく脅かした。打撃のほうも確かで足も速く、常にトップバッターを担っている。ただ、ゲッツーの場面で二塁にトスせずに勝手に自分でベースを踏んで送球したり、レフトフライを深追いして捕球しようとするなど、自己判断で動くことも多く、明らかにほかのメンバーを信用していないスタンドプレーが目立つ。

また、バッテリーのほうも、どこかギクシャクしている。ベテラン捕手は、あとで聞けば、大卒の好素材の捕手の入団によって、その座を追われたということらしい。バッティングについても噂より思わしくなく、本人は否定しているが、老監督が見たところ視力がだいぶ落ちているようだ。

何より、同じチームから来た左腕のことを、控え投手としか認識していないふうで、全く信用していない。

本来ならチームのリーダーとなる存在だろうと老監督は期待したが、このチームのことは、自分の調子を取り戻すための調整場所程度にしか思っていないことが、試合への臨み方からも見てとれた。

そんなわけでチーム内の空気は最悪の状況となり、草野球一筋に生きてきた老監督には、もはや手に負えない事態となってしまっていた。

改革グセを草野球にまで持ち込むとは

専務が事実上オーナーを務めるチームの監督が、シーズン途中で退いたという噂を聞いたのは、もう決勝トーナメントも中盤を過ぎた頃だ。じゃあ、監督代行は誰がやるんだろう。まさか専務が？　だとしたら、ずいぶんナメた話だな。ノボルは自分が監督になった当時の苦悩を思い出し、ちょっと嫌な気分になる。とはいえ、ノンプロの実力派を揃えた甥っ子専務のチームは破竹の勢いで勝ち進んでいる。ファルコンズも順調に駒を進めているから、このままでは決勝で当たらないとも限らない。

専務のチームの動向については、先輩を通じて逐次情報が入る。ノボルはできるだけ社内では接点を持たないようにしているが、専務のほうは自分の草野球チームが好調なことを、どうやら内外に吹聴しているらしい。定例の勉強会でも、ちょくちょく草野球の話が例に出て、いわく、戦略を遂行するために、人材は最も重要な手段である。ただし、その人材が己で考えることは、戦術を混乱させ弊害となるだの、緻密な戦略を立てれば確実に失敗を回避することができ、予想外という事態は起こり得ないだの、訳の分からないことを言っているとか。草野球こそ予想外の事態の連続なのに。

そもそも、ろくに知りもしない草野球とアメリカ流だかのビジネスを理屈で結び付けるのが土台無理な話だ。

「よっぽどノボルに対抗意識があるんじゃないか」

他人事だと思って先輩は面白がるが、まあ、プライベートなことだし、いまのところ自分にはかかわりがないとノボルは思っていた。

ところが、老監督が辞めた理由を知るに至って、ノボルの怒りは爆発する。

「改革グセを草野球にまで持ち込むってことか」

「チームの再生」という殺し文句をちらつかせて、老監督が育て上げたクラブを奪い取った末、金で雇ったゴロツキのノンプロ選手を入れて換骨奪胎し、即席チームに仕上げた。それもたった一シーズンだけ、ファルコンズを打ち負かすためだけに？　それで勝てると思っているとは、草野球をバカにするにも程がある。

ノボルのただならぬ様子に気付いた先輩は、途端に真顔になり、こう忠告した。

「おい、専務の挑発に乗るなよ。あれは想像以上の策士だからな」

4　激闘

能力至上とチームワーク！　息詰まる攻防戦！
勝利は誰に!?　そして旅立ち

社長もご賛同くださっています

秋風が立ち始め、もはや頂上戦が現実のものとなりかけた頃、社内では上半期決算に向けて業績発表会が行われた。

ＢＣＰＨ開発室はこれまで大した業績を上げてこなかったこともあり、ノボルは所属する営業部の部長に経過報告を頼んでいたが、今回はそうもいかない。特に来期プロジェクトの大幅な拡大が予想されるため、事業計画の発表はかなり詳細に行うことになる。

この席で、ノボルは満場が驚くビジョンを打ち出した。

来年度、現在進めているプロジェクトの一部、ネットワークシステム管理部分の主業務を、ＩＴ専門のベンチャー企業に売却するというものだ。すでにアメリカ人コンサルを通じてコンタクトをとっており、先方も非常に意欲的で、プランニングの最終段階に向けて取り組んでいるという。

「そんな話は聞いていない！」

と、話の途中で専務は声を荒げた。

「ですから、いまご説明しています」

ノボルは幾分冷ややかに応じたが、この件に関しては、定例の取締役会などで逐次報告を上げているから、当然、専務の耳にも入っているはずである。

「私のほうから随時経緯はお話ししていますが、専務はこのところご欠席が多いようで…」

と、部長が慌てて助け舟を出したが、あまり効果はない。

ネットワーク管理を受け渡すのは、開発したシステムへの自社製品の乗り入れに専念しようという計画からだ。幸い、定時マンがマネジメントするモニタリングは、確実に成果を上げ、その蓄積データは各方面から高い支持を受けている。それを基に製品化についても、循環器系はもとより、在宅介護・看護、歯科用ケア製品など幅広い分野をカバーできる見込みで、一部閉鎖した自社工場に代えて、より専門性の高い技術力に特化した企業との業務提携も進めているところだ。

「お聞きおよびかと思いますが、社長も大変ご賛同くださいまして、プロジェクトの進展如何によっては、工場の再開も考えるとのことでした」

私からも提案させてください

ひととおり聞き終わると、甥っ子専務は一言。

「みごとですね」

と、称賛してみせた。少しは冷静さを取り戻したらしい。

「ありがとうございます」

「私のイノベーション戦略は役に立ったんですかね」

「もちろんです」

「では、私のほうからも一つ、提案させてください」

専務の提案はこうだ。ネットワーク管理部門を切るということなら、SE氏を当社に置いておく必要はない。営業センスはゼロだし、これ以上在籍しても収益貢献は期待できないなら、先方のベンチャー企業へ早々に移籍してもらう。それから、モニタリングがある程度完了したのであれば、定時マンの業務も別の営業部署で対応可能だろう。コンサル業務は例の「アメイジング！」のアメリカ人に高額な報酬を支払っているから、彼のポストはない。第一、いまだ女子社員同様、定時退社を励行しているとは、彼には重要なミッションに携わっているという自覚はないのか——。

ノボルは以前から定時マンのために、社の在宅勤務制の導入に向け、折を見ては総務をはじめ上層部に働きかけをしている。しかし、一向に話が進まないのは、そうか、この専務の前時代的な頭のせいか。そこは下町の工場の幹部並みだ。CMOが聞いて呆れる。ノボルの怒りは沸点に達しようとしていた。

このプロジェクトがいよいよ軌道に乗るという段になって、返す刀でいまさらリストラ報復人事か。

草野球なら成り立つかもしれませんがね

ノボルは怒りを抑え、震える声でようやく一言、

「それは、事実上の解散ということですか」

それから、息をととのえてゆっくりと話し始める。

「以前もお話ししたとおり、BCPH開発室は各自の能力を緻密に組み合わせ、チームワーク

で動いています」

いま誰一人欠けても、今後の業務に支障を来し、プロジェクトは失速してしまう。事業計画でも示したとおり、特にSE氏の技術力に負う面は益々大きくなっていく。要点定義など、営業活動は従来どおり定時マンと自分とでしっかりとカバーするから、現状のメンバー維持を認めてほしい。

「いずれ先方のベンチャー企業に出向等を検討するとしても、いま動かしてもらっては困るんです」

「それがダメだと言ってるんだ」

専務の苛立つ声でいきなり遮られた。

「キミは、二言目にはチームワークと口にするが、私から言わせれば、でき損ない同士ができないところを補い合って、やっと一人前というところでしょう。私の考えるチームワークは違う。個々がパーフェクトに仕事ができる優れた人間の集まりこそ、ビジネスで成功できる。適材適所という言葉があるように、能力のない人間は、それにふさわしいところで働いてもらえばいいんだ。そうでなければ企業は成り立たない」

それから、思い立ったように、皮肉な微笑を浮かべて、専務は言った。

「草野球なら成り立つかもしれませんがね」

この一言で、かろうじて残っていたノボルの理性はぶっ飛んだ。

「はあ？　それはどういう意味でしょうか」

怒りを通り越して、ノボルの顔は半笑い状態だ。

「何ですか、非常に優秀な人材を集めてチームをつくられたとか？　その草野球で」

「はは、まあ、そうですね」

「草野球なら成り立つとお思いなら、そんなチーム、つくる必要ないじゃないですか」

「いや、実験ですよ。あなたの言うチームワークとやらがどの程度のものかと思ってね」

専務はペラペラとうそぶく。

「実験、ですか？」

〈そのために、老監督をだまして、ゴロツキ選手を雇い入れて、自分の球団をつくったというのか？〉

「まあ、実際、勝ち進んでいますしね。あ、もちろん、費用はすべて私のポケットマネーですよ。皆さん、ご存じですよね」

私のチームが勝ったら従ってもらいます

すっかり忘れていたが、ここは重要な会議の場だった。専務は少し間を置いてから、出席の面々を一人ずつ見回して、勝ち誇ったように言い切った。

「実験してみて分かったんですが、草野球で勝つのって、実に簡単なんですよ。要は優秀な人材を入れればいいんです。その他の人間は、彼らの邪魔をしない程度にプレーする。それだけの単純なスポーツなんですよ。駆け引きも戦略もあったものではない」

山下が聞いたら卒倒しそうなその言葉に、この場では誰一人抗議する者はいない。ノボルももはや沸点の連続で放心状態である。専務はややトーンを下げて、

「チームワークで勝てるというなら、それはそれで見ものですけどね。まあ、もうすぐ見られるでしょう」

「は？」

「ファルコンズ、でしたっけ？　このままいけば対戦できますねぇ」

「……」

「まあ、人事はそれまで保留にしておきましょう。人手が減ればもっと忙しくなりますものね。そうなると、草野球どころではなくなるかもしれないし」

「人事と草野球は関係ないでしょう！」

「大ありですよ。どうも私が見たところ、あなたのチームワーク理論とやらは、すべて草野球から考察されたもののらしい。本当はね、そんなものビジネスに持ち込まれては困るんですよ。まあ、これで決着がつくでしょうけどね。どっちが正しいか」

「決着？　正しい？　何ですか、それは」

「私は、勝つためのチームをつくったつもりです。私の説が正しければ必ず勝ちます。もし、対戦することになったら、それを証明してみせますよ」

若者二人の物騒な言葉の応酬を、全員が固唾を飲んで見守っていた。それも部長クラス以上の、社内の主要メンバーたちだ。

「私のチームが勝ったら、私に従ってもらいます」

「従う？」

「そうですよ。あなたが負けたら、あなたのチームワーク理論に齟齬があるということですからね。今後一切、会社の人事にそんな理論は通用させません。私の提案を飲んでいただきます。まあ、あなたの推量どおり、現チームが解散となってもやむを得ないでしょう」

これは宣戦布告だ。人事も試合も一緒くたにして、専務はノボルに勝つことだけに執着しているのだ。

「だいたい、組織の論理を草野球から学ぶなんて、甘いですよ。もっと勉強してほしいですね。組織というのはそんな生易しいものではない。勝ち抜いていくためには、時に冷徹になることも必要なんです」

頑張れよ、応援しているぞ

「甘いと言われるなら、それでも構いません。ただ、メンバーの異動はいま少し待っていただきたいとお願いしているんです」

話をリストラの件へと引き戻そうとするノボルに、専務がまたまた噛み付く。

「あのねぇ、これまでの経緯を検証すれば、それぞれの個性を活かしたチーム編成、なんて悠長なことをやって、ギリギリまで成果ナシで野放しにしてきたこと自体、問題なんです。一刻も早くこの間の損失を挽回してもらいたい」

そしてまたニヤリと笑い、草野球の話だ。

「試合に負けたら、あなたの自説は取り下げてもらいますよ。そして、私の経営理念に従って、仕事に集中していただきたい。もしかしたら、土日も返上してスピードアップを図ってもらうことになるかもしれません。もちろん、プロジェクトが拡大すれば、優秀な部下をいくらでも補充しますよ。ただし、きちんと収益を上げてからの話ですが」

正気の沙汰ではない。社運を賭けたプロジェクトの未来を、草野球の勝敗で決めるとは。明らかに専務の言い分はおかしい。ただ、異議を唱える者がいないのは、専務に口答えする勇気がないのと、いっそ勝負して、ノボルが専務に一矢報いるのを、密かに期待しているからだ。

ただ、この事態を、今日は所用で不在の社長にどう説明すればいいのか。いや、少なくとも試合が終わるまで報告することもないか。ただの草野球の話なんだから。

出席者の中でそんな思惑が飛び交う間に、ノボルはこの理不尽な申し入れをあっさりと承諾してしまった。

会議室を出るとき、気の毒そうに部長が言った。

「結局、専務はリストラの口実をつくりたかっただけなんだな」

先輩の忠告も空しく、ノボルはまんまと術中にハマってしまったのだ。

「でも、頑張れよ、応援してるぞ」

草野球の面白さを教えてやらなきゃ

運命の一戦を明日に控えた土曜日の午後、ノボルはある高校のグラウンドにいた。山下が監督を務める野球部の練習場だ。日もだいぶ短くなり、校舎の影が、すでにセカンドベースの辺りにまで延びている。

部員たちは二手に分かれ、試合形式で練習をしていた。もう四、五時間は経っているだろうに、元気よく声をかけ合い、機敏な動作でボールをさばく。先代の監督と出会った春まだ浅いあの日のことを思い出す。あのとき見ていた中坊たちとは大違いだ。金属バットの芯に硬球が当たる軽快な音を、久しぶりに耳にするような気がする。

山下がファルコンズを去って以来、ノボルは山下に連絡をとることを努めて避けていた。山下らしいといえばらしい辞め方とはいえ、やっぱりどこかで納得がいかず、ちょっと腹の虫が収まらなかったからだ。

しかし、今回のことがあって、山下に無性に会いたくなって、来てしまった。フェンス越しにそっと顔をのぞかせたノボルに気付くと、山下は相変わらず白い歯を見せて、「よぉっ！」

と手を挙げた。

「高校生はいいよ〜。素直で。ホメればホメるだけ伸びてくの」

ベンチ脇に立って、時折ゲキを飛ばしながら、山下は目を細めて言う。生徒たちが親しみを込めて「山さん」と呼ぶのを聞いて、ノボルは少々面食らった。

専務の挑発に乗って、大切な開発室の仲間の進退を決するバカな対戦をすることになってしまった。その経緯を話すと、山下は意外にもあっさりと、

「いいんじゃない？　やっちゃって」

と言った。

「そういうヤツにこそ、草野球の面白さを教えてやらなきゃ」

一回の勝負なら分かんないよ

「オーライ！」

落ちてくるフライを捕球しようとグラブを構えたセンターが、逆光に遮られたのか、位置を見誤ってボールをはじいた。すかさず帽子を取って、ペコリと頭を下げる。「…した！」。チー

ムメイトが口々に「ドンマイ！」「ドンマイ！」と声をかける。

「おおぉ〜、いいもの見せてもらった！　こちらこそありがと〜した！」

深々とお辞儀を返したあと、山下はこっちを向いて、

「で、勝てるの？」

「いやぁ、十中八九、負けるって感じですね」

「えっ？　じゃあ十中一か二は勝てるってこと？」

「あ、いや、かなりの実力者がいるらしいので」

「実力者がいるのと、実力があるチームっていうのは違うじゃない。だって、試合は一回きりでしょ。一回の勝負なら分かんないよ」

そうか。一〇回対戦して一回勝つ可能性があるなら、たった一度の試合にその一勝があたらないとも限らないのだ。

「十中八九勝たなきゃならないなんて、相手はずいぶんプレッシャーだよね。その点こっちはさ、好きなことできるんじゃない？」

おそらくノボルにとって最後の指南といえる、このときの山下の助言を、数ある中でも生涯決して忘れることはないだろう。

ひととおり話を聞き終わると、もう陽は傾きかけていた。

夕暮れのグラウンドに快音が響いた。「センターぁぁーーッ」と一斉に声が上がる。目線の先、グラウンドのど真ん中にある大きなケヤキの木に隠れて、ボールを追う選手の姿が一瞬、見えなくなった。

「あのケヤキね、『ファルコンズの木』って呼んでるの。いつもあの木の下でミーティングするんだよ」

山下が監督に着任した五月の初め頃には、淡黄緑色の小さな花が満開だったという。

「ケヤキの花って見たことある？　俺、この歳になって初めて見たよ」

周囲に尋ねても、ケヤキに花が咲くことを知らない者も多い。もちろんノボルも見たことがない。ファルコンズの木か。ミーティングのときによく山下が描いてくれた。根っこも広げろと言われたものだ。

「うん。人はどうしても、枝ぶりとか花とか実とか、育った結果のほうに目が行くからね。根っこがなけりゃ、育ちっこないのにさ。けど、こんなでかい木に、あんなかわいい花が咲くなんて、分からないもんだよな」

続きは明日のお楽しみ

それから、山下は思い出したように言った。

「強い投手はね、自分に負けるんだ」

「自分に？」

「そう。自分は無敵で、どんな打者にも投げ勝てると思ってる。周りなんか信じちゃいない。思い込みってやつだな。ケヤキの花みたいなもんだ」

「ケヤキの花…」

そうやってしゃべりながらも、山下の目は、つねに教え子たちの動きと、ボールの行方を追っている。

「だから、相手が予想外の動きをすると、その自信が揺らいじまうんだ。自分の中に敵がいるんだよ」

「自分の中の敵…」

「ノボルって、自分のこと、あんまり信用していないでしょ。その分、心底仲間を信じられるんだよね。仲間がそれに応えるでしょ。それでやっとノボルも自分のことを信用できるわけ。面倒くさいよね。でも、そういうやつが無敵なんだ。監督がノボルを連れてきたとき、俺、すぐ思ったもん。ああ、こいつはファルコンズだなって。だって、それが草野球ってもんだろ、正岡ノボル監督」

愉快そうに、また訳の分からないことを。ノボルが黙り込んでいると、

「大丈夫だよ。みんなを信じて好きなようにやれば。キャプテンだって、落合さんだっている。ショウタもいるし、先輩もいるだろ。それにさ、先代も見てくれてるよ」

暮れかけた空を見上げて指を差したあと、その手をパンパン叩いて、山下は部員たちに呼びかけた。

「さあ、そろそろ終了だッ」

「えーっ、山さん、まだやれますよぉ〜」

選手の一人が不満げに叫ぶ。

「何言ってんだ、おまえが一番、アゴが上がってるぞ。続きは明日のお楽しみッ」

ショウタ、後ろを向いてみろ

いよいよそのときが来た。

今季の一部の優勝戦は、いつもの荒川ではなく、江戸川河川敷にある柴又第一グラウンドで行われた。空が一段と広く長い。川の向こうは千葉県だ。昨年秋の覇者ファルコンズに対し、長らく低調だった古豪チームが、社会人球団から強力な助っ人を擁して挑む。どこかから噂でも漏れたのか、散歩ついでに土手の上から見下ろす人の数も、心なしか多い。

ついに試合開始。マウンドのショウタはやや緊張気味で、山下仕込みの雄叫びも、今日は出そうにない。二、三球投げたあと、うつむき加減にスパイクの先で土を蹴っているショウタに向かって、

「おーい、ショウタッ、後ろを向いてみろーッ」

珍しく張り上げたノボルの声にちょっと驚いてから、おずおずと振り向くと、みんながショウタのほうを見ていた。こっちから見えるキャプテンも、ほかのメンバーも笑顔だ。ショウタの背中越しに、すかさずノボルが声をかけた。

「楽しんでいこうーーッ」

「おぉーッ」

ショウタも負けずに声を出す。

「楽しみましょおおおおーっ」

「おぉーッ」

キャッチャーと、ベンチに向かって、ショウタがはにかんだ笑顔を見せる。

〈もう大丈夫だ〉

ショウタが少し緊張していたのは、たぶん試合直前にノボルが伝授した秘策第一弾のせいだ。

一回表、一番打者は、例の俊足のショート。ノボルはショウタに、彼をフォアボールで歩かせろと命じたのだ。もちろんショウタは嫌がった。どうせやるなら完全試合を目指す。どんな相手でも、常に自分はそのつもりで投げていると。

「気持ちは分かる。でも、今回だけは、やってくれ」

ノボルは直言した。塁に出したらショートは必ず走る。一〇〇%走る。おまえの牽制をナメてかかっているんだ。

「だから、牽制で刺してやれ」

チームの中で最もいきがっている一番手の鼻をへし折り、文字どおり出鼻を挫いて失速させる作戦である。

この戦略は大成功を収めた。若き助っ人はまんまとノボルの策にハマり、一塁へ意気揚々と向かったあと、呆れるほど大きくリードしたところを、即行でショウタに牽制され、アウトとなった。

専務もひどいことをする

その後、試合は息詰まる投手戦となり、両ピッチャーとも一歩も譲らず、○対○のまま決着は終盤までもつれ込むことになる。

ショウタは好投していた。しかし、相手方の左腕も噂に違わずいい投げっぷりである。社会人野球から来たため、軟球慣れしていないかと思われたが、やはり球速とコントロールは抜群で、左投げに当たる機会の少ないファルコンズの打者たちは歯が立たない。

加えて、守備のうまさも目立つ。とくに助っ人遊撃手は、やはり試合開始早々牽制でアウトにされたことがこたえたか、打撃こそふるわないものの、その強肩と俊足で見せる驚異的な守備範囲は健在だった。

一方、試合が進むにしたがって、ノボルはあることに気付いた。相手方バッテリーの弱点である。キャッチャーはベテランだが、そのボールさばきからして、ゲームに身が入っていないのは明白である。まるで他人事だ。打席に立ってもチームバッティングをする気などハナからない。ホームランだけを狙ったスイングは、迫力はあるが荒く、打ち気を外すショウタの変化球に内野ゴロを重ねていった。そして何より、ノボルがキャッチャーに求められる最大の資質と考える、ピッチャーへの気配りが一切感じられないのだ。

そして、問題のサウスポーである。確かに球は速い。スライダーのキレもいい。ただ、ちょっとでも思うところに球を操れないと、すぐに肩に力が入る。時には明らかにイラつくこともあり、マウンドでの落ち着かない様子は味方の選手のリズムまで乱すほどだ。十分な実力があるのにエースになれず、こんな河川敷のマウンドに立たされている理由はこれか？　そのくせ納得のいく球を投げ込んだあとには相手を見下すような表情を見せる。ノボルは、自チームから引き離された彼の中に潜む無念の思いに、敵ながら共感してしまう。

〈専務もひどいことするよな〉

シーズン途中で引退した老監督に代わり、一塁側ベンチの中央に座る甥っ子専務監督の、貸衣裳みたいに不似合いなユニフォーム姿に目が行った。案の定、苦虫を噛みつぶしたような顔だ。あの様子では、一イニング終わるたびに、「いつになったら点を取るんだ！」と苦情を言っていることだろう。ますます選手たちが気の毒だ。
〈いや、勝てると思っているのに点が取れない専務も気の毒か〉
しかし、同情している場合ではない。試合はいよいよ九回最終回である。

ピンチはチャンスだ

九回表、相手チームの攻撃。二死二塁の山場で打席に立ったのが、例のベテランキャッチャーである。このまま凡打を繰り返し、自身の輝かしい野球経歴を汚すのは忍びなかったのだろう。ショウタの変化球を読み切った打球は、快音を放ち三遊間に痛烈なゴロとなった。ついに、試合の均衡を破るタイムリーを打たれた。しかもこの土壇場で。誰もがそう思った瞬間、ショートを守るキャプテンが猛烈な横っ飛びでその打球を捕えた。一世一代のファインプレー!……とはいかないのが、意地悪な草野球の神様だ。起き上がるや否や果敢に投げた一塁への送球は、一塁手の頭上をはるかに越えてしまう。その間に二塁ランナーは生還。ファルコンズは相手に一点を献上する。

堅守を誇るキャプテンの暴投に、ノボルは一瞬、頭が真っ白になった。キャプテンも明らかに動揺している。だが、ショウタは実に落ち着いていた。キャプテンに向かって、いつもどおりの笑顔で「ドンマイ！」と声をかける。ノボルの隣で見ていた先輩が、「見たか？」とうれしそうに言う。

「あれがファルコンズだな」

ノボルの緊張もスッと解けた。

〈うん、あれがファルコンズだ。俺のチームだ〉

その後は、ベテランキャッチャーを二塁に残したまま、危なげなく次の打者をアウトにし、仲間とともにベンチに帰ってきた。迎えたノボルも、自分でも驚くくらい落ち着いていた。というより、正直内心ワクワクしていたのだ。

「みんな、よく耐えた。上出来だ。ここまでくれば勝ったも同然だ」

「いや、監督、負けてますよ」

誰かが言って、みんなが笑う。

「うん。そこがいいんだ。あっちが勝ってる。勝ったと思っている。〇―一だからこそ、やれることがたっぷりあるんだ」

円陣の真ん中で、ノボルはチーム全員の顔を見回し、

「ピンチはチャンスだ。最後まで楽しもう！」

「おぉーーーッ！」

声を揃えて散り散りになる。皆、高校球児みたいに頬を紅潮させている。

先輩が感に堪えないとばかりに唸った。

「ノボル、ほんとに変わったなあ。草野球で成長したんだな」

少しの間、二人、顔を見合わせてから、ノボルは先輩の腕をとって、くるりと背を向かせ、

「ほらほら、そんなことより準備、準備。今度は先輩が変わる番ですよ」

「えっ？　お、俺？」

と、たじろく先輩のデカい背中をボンと叩いた。

頼むから振らないでくれ

九回裏。ファルコンズ最後の攻撃。あとにも先にもこのイニングしかない。気分が高揚する。さっきの失点でちょっとでもヒヤッとした自分が、ウソみたいにどこかへ消し飛んでいる。ベンチにいる仲間たちも同じ気持ちのはずだ。

それにひきかえ、相手方のベンチは不気味なくらい静かだ。守備につく選手たちが声をかけ

合うこともない。皆、顔をこわばらせ、とても一点リードしているとは思えないどんよりとした陰鬱な雰囲気だ。

「ファルコンズが十中八九負けるっていうなら、相手はずいぶんプレッシャーだよね」

山下が何気なく口にした言葉を思い出す。勝って当たり前の人間の弱さ、頑なさ。チームワークはズタズタで、もはや欠片もないだろう。

それを象徴するのがバッテリーの二人である。メンタルに問題のある左腕にとって、さっき自軍が獲得した貴重な一点は、むしろ自分に無用な圧をかける忌々しい代物だ。実際、キャッチャーの顔を見ようともしない。口元はゆがみ、肩は落ち、やる気なさそうに足先をダラダラ振ってマウンドの土を払う。ノボルには彼の心境が手に取るように分かった。この一点を守り切れるか。その不安に、いまにも押しつぶされそうなのだ。素人の草野球チーム相手に、何で自分がこんな想いをしなきゃならないのか。バカバカしい。どうでもいいから早く終わらせたい……。事実、肉体的にも疲労はピークに達しているはずだ。

意を決して、ノボルは今季最後の、そしてファルコンズ創部以来最大の奇襲作戦を開始した。トップバッターは代打、落合である。バテ気味の相手投手に対して、最終回までしっかり体力を温存していたセンキューさんは、この場面の抜擢にゴキゲンな様子である。

「落合さん、いつもの粘りで、当ててお願いします」

「ん？　打っていいの？　見てるだけじゃなくて？」

「じゃんじゃん打ってください」

ノボルの意図をすぐに理解した落合は、にっこり笑って、

「任せて。球が速いからどうしても振り遅れちゃうんだよね」

と、頼もしく応じて打席に入り、粘る粘る。選球眼は確かだが、絶妙にタイミングが合わないから、右へ左へ、時には球審の肩先を超えてファウルを連発する。そして、一三球目に、外角球をボコッと打った球は、ゴロゴロとファウルラインぎりぎりに転がって、ようやくアウトとなった。

「ナイス！　振り遅れ！」「センキュー！」「こっちもくたびれた〜！」

メンバーが口々に落合をたたえる。マウンドの左腕は疲労困憊で、放心したように棒立ちしている。

次のバッターはショウタだ。同じ投手でも、こっちはメンタルが違う。しかもそれまで三打席凡退をしているだけに闘志満々である。

〈ショウタ、初球だ！〉

ノボルは心の中で呟いた。

やっと落合をアウトに取ったピッチャーが、不用意に投げた次のストレートは、案の定、高

めに甘く入った。それをショウタが強振。打球は左中間を破り、ショウタは一塁を一気に駆け抜ける。打球処理を慌てたセンターがボールをはじく。ベンチからの「回れ！　回れ！」の声に押され、ショウタは三塁へ。返球が戻ると同時に、ショウタが滑り込んだ。

「セーーフ」

完璧なスリーベースヒット。一アウト三塁だ。沸き上がるベンチ。

「ナイス、ショーーータ！」

「ヨッシャー！」

隣で同時に声を上げた落合さんと目が合った。あれだけ粘りに粘った末、ショウタへつないだ会心の結果に、疲れもなく満面の笑顔だ。ノボルは呟く。

〈よし！　同点だ〉

何としてもショウタをホームへ返す！

ノボルは秘策の第二弾をスタートさせた。ベンチ横で仁王立ちして試合を見ている先輩に声をかける。

「いよいよ出番です」

入部初の公式戦出場。しかもこの場面での代打指名である。

「俺？　やっぱり俺なの？」

自分の鼻を指差し、まだ目をパチクリさせている先輩に、意味ありげにささやく。

「いいですか、先輩。追い込まれるまで絶対に振らないでくださいよ」

「えっ、素振りも？」

「素振りもダメです」

「首は？」

「首は…ちょっとだけなら許します」

バッターボックスに立つ先輩の姿にノボルは惚れ惚れする。一八〇超えの堂々たる体躯と、ユニフォームの袖からむき出しになった棍棒のような二の腕が、油断のならないパワーを醸し出している。

相手チームのバッテリーにとって、対戦成績のデータもない打者の実力を推し量るための要件は、第一に体格である。その点で先輩は他を圧倒している。次に、その身体に見合う力を野球に活かす技能を、打者がどれほど持ち合わせているか。それを推察する唯一の要素といえるのが、フォームとスイングだ。有能で経験豊富なバッテリーなら、それを確実にかぎ分けることができる。

ところが、先輩のフォームは、その動物的な洞察力をも欺く完璧なものだった。野球のセンスはないのに、フォームだけは、憧れの松井秀喜そのものなのだ。首の動きを制限されたせいか、当人はいつもよりぎこちない様子だが、このときはノボル以外、誰も気付かない。ベンチ前に並んだ仲間たちからもため息がもれた。

ノボルはひたすら祈った。

〈頼むからバットを振らないでくれ〉

対強打者のセオリーに則り、相手方バッテリーはまず、初球外角に外れるカーブで様子を見る。代打先輩の反応はない。次に、捕手は内角高めの、ボール球ギリギリの速球を要求した。ストライクゾーンに入ればリスクは高いところを、ピッチャーは期待どおりに力強いストレートを投げ込む。が、先輩は少し肘を引くような反応を示しただけで、悠然と見送った。一瞬ヒヤッとしたが、思ったとおりの展開だ。先輩はノボルの注文を忠実に実行してくれている。

相手の狙いを見定めるつもりが、思うような反応が得られず、キャッチャーはかなり困惑しているだろう。現に、自分の出すサインに、投手はなかなか首を縦に振らない。たぶんキャッチャーのほうは、緩い球でタイミングを外して打ち取ればいいと思っているのだが、左腕の考えは違う。プライドの高い投手らしく、あくまでも持ち球のストレートで勝負したがる。残念ながらそれは、本人によけいな力みを与えるだけだ。

やはりさっきショウタに完璧に打たれた三塁打が効いているのだ。これまで、圧倒的な力でファルコンズを制してきた彼にとって、あの一発の衝撃はよほど大きかったと見える。その複雑な思いを、キャッチャーは推し量る気もなさそうだ。要するにバッテリーがお互いを信頼できていないのだ。

山さん、これがファルコンズですね

こんな具合でノボルの思惑どおり、結局彼らは先輩にフォアボールを与えてしまう。ノボルの策をすぐに察して、「いつもの柵越えだーっ」だの「一球で仕留めちゃえーッ」だの、さっきまでベンチから強打者ぶりをアピールしていた仲間たちは、ドタドタと一塁に向かう先輩に向かって、ネタバレ解禁とばかりに「ラッキーッ」と声援を送った。

バッテリーは、ここへ来てようやくノボルの奇策に気付いた。ピッチャーはますます苛立つ。その上、生涯でめったに出塁した経験のない先輩は、リードが楽しくて仕方がないらしく、デカい図体でピョンピョンと跳ねる。セットポジションに入ろうとすると、それが視界に入るから、左腕にとっては目障りで仕方がない。こんな素人、すぐにでも牽制でアウトにしようとかかるのは当然だ。先輩が跳ね上がった瞬間、投手はみごとな牽制球を一塁に投げる。慌てた先輩は、一塁に帰塁するのは無理だと踏んで、二塁に向かって走り出す。

ところが、ピッチャーの牽制球を受け取った一塁手が、先輩の背中にタッチをしに追いかけようとした瞬間、「ホーム！」というキャッチャーの声が響いた。三塁にいたショウタがすでに突っ込んできていたのだ。慌てた一塁手は、向きを変えてホームに投げたがもう遅い。無理な体勢からの送球は、ワンバウンドして捕手の体に当たり、ショウタは無事ホームインした。

ベンチが沸きに沸く。先輩もその間にセカンドへ進塁し、なおも一アウト二塁。さすが根っこの強いファルコンズだ。日頃の実践練習が功を奏した。素人をフォアボールで出塁させたミスを自ら取り返すため、やみくもに牽制を投げるはず。投手の心理を巧みに突いた戦略だ。しかも、ノボルの意図を読み取ったキャプテンに、俊足のショウタは、走れと指示を受けていたのだ。完璧なサインプレー。しかも、チームワークなくして実現できるものではないから、ファルコンズならではの奇襲作戦ともいえるだろう。

戻ってきたショウタが、バットを携えベンチ脇に立つキャプテンに声をかける。

「キャプテン、あとは頼みます！」

「分かった」

目を合わせ、短く応じる。

目の端に二人のやり取りを見て、ノボルは昨日の山下の、最後の助言ともいえる言葉を思い出した。外野フライをエラーしたセンターに向かって深々と礼を返したあとのことだ。

「エラーしたヤツにドンマイって言うのはさ、『俺がいるから心配するな』ってことなの。ただ、それだけの意味。けど、それだけでまた勇気をもってプレーできるわけ。エラーしたあとも、フォアボール出したあとも、人間って平常心じゃいられないでしょ。申し訳ないって思って、力んじゃったりして。だから、みんなで声をかけてやるのよ。ドンマイって。リセットだよ。平常心で戻ってこいってさ」

〈山さん、これがファルコンズですね〉

これ以上足を引っ張るな

ファルコンズは、同点で、しかも勝ち越しのランナーが得点圏にいるという、思いもよらない奇跡を引き寄せた。ともあれまだまだ予断を許さない。同点のまま延長に入ったら力で劣るファルコンズは不利だ。

「ここでひっくり返す！」

総合力では劣るファルコンズが勝つために、このチャンスを逃がすわけにはいかない。沸き立つベンチの中で、勝利へのわずかな望みをかけて戦略を練るノボルの脳裏に、さらなる希望の光が差した。ベンチから慌てて飛び出してきた甥っ子専務監督が、マウンドに集まった選手たちを、声を限りにこき下ろしたのを見たからだ。

「バカ野郎！　くだらない策略にハマりやがって」

ＣＭＯらしからぬ下品な物言いである。その上、あろうことかチーム創設以来のベテラン一塁手に向かって、

「これ以上足を引っ張るな」

と冷たく言い放ったのである。

ファルコンズの面々は、半ば呆れ顔で、相手方の監督の場違いな激高ぶりを見ていた。しかも、弱気がもとでちぐはぐな配球を呈したバッテリーにはおとがめなし。マウンドから各ポジションに散る選手たちの覇気は、見るからに下がる一方だ。

ノボルは相手チームにも聞こえるように大声を上げた。

「あと一点！　楽しもう！！」

「おーーー！！！」

ベンチに戻る専務が驚いて振り向く。〈こんなときに楽しめるか〉という顔だ。

一方、ホームにワンバウンドの送球をして、その専務にしたたかののしられた一塁手の顔面は蒼白である。おそらく彼も自分たちと同じように、草野球をこよなく愛し続けてきたのだろ

う。なのに…。ノボルは胸が詰まる想いだった。ただ、一塁手には気の毒だが、こちらにはどうしても勝たなければならない事情がある。

　続くファルコンズ一の大ベテランが、手堅いバントで先輩をサードへ送り、二死三塁。このときもノボルは、一塁手のぎこちない動きをじっと見ていた。もはやチームの誰にも信頼されず、誰も信用できず、士気も、自信も失っている。ノボルはその視線を次の一番打者、キャプテンに向けた。目が合うとキャプテンはゆっくりとうなずいた。そして、初球のストレートにみごとなドラックバントを仕向けたのだ。

　打球は、投手と一塁手とのちょうど真ん中に、勢いを消して転がっていき、先輩はホームを、キャプテンは一塁を駆け抜けた。もし、一塁手が普段と同じく積極果敢に打球を処理していたら、アウトにできたかもしれない。しかし、ミスをした自戒の念と、監督からの容赦ない叱責が、彼の慎重すぎるプレーに現れてしまい、意表を突いたバントは成功をおさめ、愛すべき先輩にサヨナラのホームインという初体験を進呈したのである。

　ノボルは相手方の一塁手に向けてそっと呟いた。「ドンマイ」。それは、数分前に彼が最も必要としていた言葉だ。そして、おそらくこの試合の結果を左右する最も重要な言葉であった。

苦しいけど最高に楽しかった

満面の笑顔でメンバーに迎えられたファルコンズの先輩は、ちょっと前に見せたゴジラ松井の面影などどこかに消え、でかい図体を丸めて皆とハグしまくっている。

そして、二―一の逆転サヨナラ勝利をチームにもたらしたキャプテンは、真っ先に駆け寄ってきたショウタと抱き合っているところだ。あのクールなショウタがうれし泣きで顔をくしゃくしゃにするのを、ノボルは初めて見た。

確かにファルコンズにとってこの試合は、秋季の決勝戦であり、先輩の公式戦デビューの試合だ。ＢＣＰＨ開発室なんて関係ない。ノボルは妙に冷静な気持ちで、一塁側ベンチのほうへ三々五々帰っていく相手チームの選手たちを見ていた。キャプテンが近寄り、「すごい作戦だったな」と声をかける。ノボルは彼らの後姿に視線を残したまま、

「キャプテン、ケヤキの花って、知ってますか？」

「ん？　あのちっちゃい黄緑色のやつかい？」

場違いな質問にキャプテンは目を丸くしてから、静かに笑って、

「ああ、ファルコンズの木か」

それから黙って、二人で肩を抱き合った。

〈監督、山さん、苦しかったけど、最高に楽しかったです…〉

ゲームセットの挨拶に、専務の姿はもうなかった。

インドって野球ないっすね

河川敷をわたる風は、まだ冷たいものの、真冬のように肌を刺すほどではない。毎年のことだが、週ごとに春が深まっていくのが分かるから不思議だ。いや、今年は特にそう感じるのかもしれない。もしかしたら、しばらくの間、そんなふうに季節の訪れを味わうこともできなくなるのだろうか。

ついこの間、年が明けたかと思ったら、もう春季大会は目の前だ。練習試合もぼちぼち始まろうとしている。

あの決勝戦での死闘以降、甥っ子専務からは一切、草野球の話は出なくなった。約束どおり勝ったのだから、開発室の人事が反故になるのは当然だが、逆に考えると、負けたら専務が何をしてくれるのか、そっちの約束をした覚えがない。何とも片手落ちだ。

ただ、試合のあと、一度だけ専務に草野球の話をしたことがある。その年の暮れの納会のときだ。負けたからといって、草野球を嫌いにならないでほしい。せっかく手がけたチームなのだから、できれば存続させてほしい。酒の力も借りて、そう訴えたのだが、時すでに遅し。助っ人は全員古巣へ戻り、伝統あるチームは休部に追い込まれ、いまのところ再生の見込みはない。ということはつまり、専務は本気でノボルから草野球を取り上げようとしていたと見える。ただノボルに勝つためだけに、草野球を愛する男たちをさんざん翻弄したあげく、試合に負ければ即ご破算か。何だか空恐ろしい。

ＢＣＰＨ開発室は、昨秋、ひととおりのミッションを終了し、再度の組織改革で、営業統括本部傘下のＢＣＰＨソリューション事業部と名称を変え、ノボルはそのチーフマネジャーとなった。事業部の総勢は一二名。ルーキーの下には二名の部下ができて、もはやその名称では呼べなくなった。

ちなみに、ＳＥ氏は、システム管理を譲渡したベンチャー企業にチーフとして迎えられ、いまもノボルたちと密に情報交換しながら、マイペースで仕事をこなしている。定時マンのほうは例のアメリカ人コンサルと医療系のモニタリングシステム会社を起業し、いまや二人はベストパートナーである。何のことはない。あの死闘があってもなくても、早晩、専務の言うとおりに、二人は自立を果たすことになっていたわけだ。

かつて「吹き溜まりチーム」だの「寄せ集めチーム」だのと呼ばれていたBCPH開発室だが、その手がけるプロジェクトは予想をはるかに超えて大型化し、いまや国際的にも注目されて、アジアを中心に医療分野の未来を支えるシステムともいわれている。そして、このたび、インド・ムンバイでの実用化の話がまとまり、現地NGOと協同で準備委員会が発足し、ソリューション事業部からも人材を派遣することになった。そのキーマンとしてノボルに白羽の矢が立つ。

プロジェクト自体の発起人なのだから、むろんノボルに異議はない。しかし、プロジェクトが本格始動すれば、社も現地法人を立ち上げることになり、帰国は当分先になるだろう。日本での業務はすっかり軌道に乗っているし、元ルーキーに任せておけば安心だ。しかし、その元ルーキーの言葉が一つ引っかかった。

「インドって、野球ないっすよねー」

まさか。そこまでして専務は俺と草野球を引き離したいのか。ノボルは驚きを通り越して呆れてしまった。

〈野球のない国か……〉

野球のない国、楽しみだな

「野球のない国、上等じゃん！」

久しぶりに顔を合わせた山下は、高校生を相手にしているからか、以前よりやけに若返り、パワーアップしているように見える。山下監督率いる高校も、敗れはしたものの、夏の地方大会でみごと準決勝進出を果たした。そのお祝いも兼ね、いつもの居酒屋で、少し早いがファルコンズの秋季戦の決起大会が行われた。新聞の地方版に載った山下のインタビュー記事はいいツマミだ。

「『楽しくも勝つ高校野球』って、聞いたことあるよなあ。パクリだよな」

「パクリですね」

早いもので、ノボルがファルコンズに入部して、もう一〇年目になる。一〇年の間には、本当にいろんなことがあった。仕事に、いや、生きることに何の意欲も持てなかった自分が、いま、仲間とともに、まったく違う想いでここにいる。専務がどう思うか知ったことではないが、仕事と草野球、いまはどっちも同じくらい好きだ。でも、そう思えるのはやっぱり『楽しくも勝つ草野球』に出合えたからだ。

海外勤務のことをメンバーに話したら、少しはがっかりするかと思ったが、おおむねあっさりと承認してくれた。ショウタなんか、

「大丈夫ですよ。カントクがいなくても面白いゲームをやってみせます。それが新生ファルコンズですから」

と生意気な口を利く。

「けどその面白いゲームをカントクに見せられないのは残念ですけどね」

キャプテンは、ノボルが帰国するまでに、そんなショウタを三代目の監督候補に育てることを請け負ってくれた。

唯一悲しんでくれた落合さんは、

「頼むから俺が生きているうちに帰ってきてくれよ」

たぶんその心配はないと思うが、下の子が二歳ぐらいになるまで、当面は単身赴任だ。家族で暮らせる頃には、上の息子はもう野球ができる歳だろう。

「野球のない国、楽しみだなぁ。どれだけみんな喜ぶだろう」

山下は、自分が行くわけでもないのに、ビールジョッキ片手に夢心地である。そうだな。どこだってやれるし、いつだって戻れる。それが草野球だ。

ノーベースボール・ノーライフ

出発の日、ノボルの希望で見送る人はいなかった。でも、ノボルは一人ではない。頼もしい助っ人がそばにいる。次長である。プロジェクトが軌道に乗り、手塩にかけたルーキーも一人立ちし、無事定年を迎えるという間際になって、ノボルのムンバイ行きを知り、次長自ら、定年の延長とムンバイへの同行を申し出たのである。『助っ人』の話には弱いのか、専務も快諾してくれた。

「何ができるか分かりませんが、残りの人生の全部をかけて、お手伝いさせてもらいます」

ノボルは次長の想いと専務の計らいに、素直に感謝した。

「野球はキャッチボールぐらいしかできませんが」

「やりましょう、一緒に。楽しいですよ」

「そうですね。リーダーは、ノーベースボール・ノーライフですもんね」

空は快晴である。ムンバイまでは直行便で一〇時間弱のフライトだ。眼下の街並みがどんどん小さくなっていく。

エースになり立ての頃、まだビクビクしていたノボルに山下は言った。

「焦ることはない。マウンドに立てば全部見えるだろ。まずベンチの仲間はみんなキミを信頼してる。振り向けば野手のみんなが、打ち返された球に食らい付く気満々だ。でもって、雲の上から自分を見てみろ。この世界の、このグラウンドの真ん中で、野球ができることの幸せを感じるんだ。なあ、ノボル。あとは魂込めて投げるだけさ」

ノーベースボール・ノーライフ。そして、ベースボール・イズ・マイライフ。

〈着いたらとりあえずグラウンド探しだな〉

完

※この物語はフィクションであり、登場する人物・団体等は実在のものと一切関係ありません。

あとがき

「草野球とビジネスを結び付ける小説を」

企画者である三国先生の発案に、正直、

「そんな小説、書けるだろうか」

と思った。小説でも漫画でも、スポ根ものならゴマンとある。近頃はサッカーに押され気味といはいえ、その多くは野球を題材にしているといっていい。しかし、それを実際のビジネスとつなげた作品など見たことがない。でき上がればかなりユニークな作品になるだろう。ただ、プロ野球ならいざ知らず、草野球とは？

「いや、草野球だからいいんですよ」

自身も草野球チームの選手であり、毎週末、河川敷のグラウンドへ通う三国先生は、本著のキーマン、山下が言うように、「プロとは全然違うから」と請け負ってくれた。先生自身、自らの歯科医院のグループ化を展開するにあたり、草野球におけるチームワーク形成や組織の運営等の知識が大いに役立っているという。

個人的には、野球は好きだし（もちろん観戦オンリーだが）、他の球技とは全く異なる特殊性を有していると、以前から感じていた。いつか、その謎の部分について、手がけてみたいと思ったこともある。しかし、草野球は、一般的には余暇に楽しむ趣味の一つと考えられている。それを仕事あるいは社会生活に反映できるものだろうか…。

しかし、それは杞憂だとすぐに分かった。「草野球の本当の魅力を、もっと多くの人に知ってもらいたい」。三国先生の力強い言葉に背中を押されて、おっかなびっくり書き始めてみると、用語解説だのインデックスだの、当初考えていた小細工の必要も一切ない。主人公は登場したときから好きなように動き出し、「一〇年～一五年にわたる主人公の成長を描く」という大それたプランもどこ吹く風で、まさに一〇年かけて勝手に成長していった。

何より幸運だったのは、主人公の生き方に大きな影響を与える山下の登場である。彼が出現し、一言二言しゃべるだけで、物語はぐんと広がり、深みを増していく。その後は、読んでいただけば分かるとおり、登場人物たちは各々のキャラクターを気持ちよく際立たせながら、草野球の楽しさを謳歌し、あるいは、仕事の面白さを堪能し、物語の中を自由自在に動き回るのである。ヒールとの対立、さまざまな出会いと別れ、ただのホメ殺しの先輩も大物新人スラッガーとして戻ってきたのには、著者自身が驚いた。

企画・監修の三国先生には、膨大な草野球情報と的確な助言、示唆に富むレクチャーにより、本著に揺るぎない軸を打ち立てていただいた。著者自身も惚れ込んでいる山下の含蓄ある言葉の数々は、ほとんどが先生の発せられたものだ。まさに山下そのものを彷彿させ、『ベースボール・イズ・マイライフ』を地で行く人である。この出会いに心から感謝したい。

また、相変わらず懲りない遅筆を辛抱強く待ってくれた現代書林の企画・編集担当にも、ここで深謝したい。

「誰でも読める分かりやすい小説にしよう」

三国先生の提案どおり、ストーリーは実に単純明快で、小難しいところも、考え込む箇所も何一つない。草野球を愛し、仕事を愛し、仲間を愛する男たちがいるだけの小説である。だが、ほとんどの大人がそうだろう。戦後の焼け野原に三角ベースをこしらえて遊んだわれわれの親たち、あるいはその上の世代にとっても、野球はむしろ観るものではなく、自分でプレーするものだったはずである。

あらためてそう思う。人生はゲームであり、社会はチームであり、一人一人は、かけがえのないプレーヤーなのだ。本著が、毎日を誠実に営む読者の心に、河川敷のグラウンドからの新しい風を、一瞬でも吹き込むことができれば幸いである。

そして、ちょっとバカげたことも想像したりする。もし、夕暮れ時に、中学校の野球部の練習にヤジを飛ばすサラリーマンを見かけたら、あるいは、居酒屋でクダをまく青年と同席したとき、きっと自分も声をかけるんだろう。あのときの監督のように。

「ねえ、草野球、やってみない？」

高橋　晶

監修者紹介

三国大吾（みくに・だいご）

1967年生まれ。日本大学松戸歯学部卒業。1996年千葉県松戸市内に三国歯科医院を開設後、医療法人社団大伸会を設立。

1994年から千葉、東京、埼玉の草野球チームに所属し、現在においても活躍。草野球におけるチームワーク形成や組織の運営を学び、その経験を自らの歯科医院グループの起業、発展に応用。後進の育成と開業支援に尽力する。

現在、慶應義塾大学システムデザイン・マネジメント研究科に在籍。医療法人社団大伸会会長。歯学博士。

著者紹介

高橋 晶（たかはし・あきら）

1956年生まれ。立教大学文学部フランス文学科卒業。広告代理店勤務、PR誌・雑誌編集者を経て、1985年にフリーライターとなり、現在に至る。健康、医療、教育関係の取材・執筆活動を幅広く展開。生活者の実態をユニークな角度から調査分析し、軽妙な文章で解説するルポをライフワークとする。

主な著書に『寿命も縮まるドッキリ医学』『病院の中のヒソヒソ話』（青春出版社）、『この命、自分で守る』『実践第一！整体師への王道』（現代書林）がある。

ダメ社員《しゃいん》が草野球《くさやきゅう》を始《はじ》めたら、なぜか仕事《しごと》で評価《ひょうか》された

2018年5月30日　第1刷発行

監修者 ―――― 三国大吾《みくにだいご》

著　者 ―――― 高橋《たかはし》　晶《あきら》

発行者 ―――― 坂本桂一

発行所 ―――― 現代書林
〒162-0053 東京都新宿区原町3-61 桂ビル
TEL 03 (3205) 8384 (代表)
振替 00140-7-42905
http://www.gendaishorin.co.jp

デザイン ―――― 華本達哉 (aozora.tv)

イラスト ―――― 田中寛崇

印刷・製本　広研印刷㈱
落丁・乱丁本はお取り替えいたします。

定価はカバーに
表示してあります。

ISBN978-4-7745-1703-2 C0030